RÊVONS
DE MOTS

## DU MÊME AUTEUR
## AU CHERCHE MIDI

*Les 40<sup>èmes</sup> délirants*, 2002.
*Une chenille nommée Vanessa*, 2003.
*Sans titre de noblesse*, 2005.


## CHEZ D'AUTRES ÉDITEURS

*Ça n'a pas de sens*, Denoël, 1968.
*Sens dessus dessous*, Stock, 1976.
*À plus d'un titre*, Olivier Orban, 1989.
*Un jour sans moi*, Plon, 1996.

RAYMOND DEVOS

# Rêvons de mots

*Préface de Pierre Herran*

COLLECTION
LE SENS DE L'HUMOUR

le
cherche
midi

© le cherche midi, 2007
23, rue du Cherche-Midi, 75006 Paris.

Vous pouvez consulter notre catalogue général et l'annonce
de nos prochaines parutions sur notre site Internet :
cherche-midi.com

# Préface

Le lecteur parcourant ce livre pourra constater combien le fil est ténu entre la réalité et la fiction.

Il est dans cet abécédaire des choses totalement inventées et d'autres personnelles pudiquement dévoilées.

Ne comptez pas sur moi pour vous dire lesquelles !

Comme Raymond l'a écrit : « Je vis. Je ne fais que vivre. Voilà mon secret. Car vivant, j'écoute, je regarde. Et je me laisse surprendre par l'idée. Elle arrive le plus souvent à mes dépens. »

Les animateurs d'émissions de variétés, dans le temps, ne savaient plus si Raymond Devos répondait à une question ou s'il disait l'un de ses sketches.

Il adorait cette ambiguïté.

Ce livre est issu des innombrables notes accumulées par l'artiste, que j'ai trouvées çà et là dans ses carnets, quelquefois bien rangées dans une chemise cartonnée en attendant...

Il a rarement mentionné le mot « pensées », qui devait l'effrayer un peu...

Il me disait : « Moi qui n'ai que le certificat d'études, me permettre d'éditer mes pensées ! »

Sa modestie dût-elle en souffrir, on ne peut qu'admirer sa façon de voir.

Homme de théâtre, musicien, mime, on l'a qualifié de « prince des mots ».

Il l'était.

Merci, Raymond, de continuer à nous régaler !

Pierre HERRAN
secrétaire et régisseur de scène
de Raymond Devos de 1972 à 2006

# Avant-propos

Boris Vian était presque mon directeur artistique chez Philips. Je venais de jouer à l'Alhambra. Sur la présentation de mon premier disque, il a écrit ce texte en imitant mon style :

*J'avais trois heures devant moi, j'en profite pour aller voir Raymond Devos. J'arrive aux Trois Baudets. C'est rue Coustou, du nom de ce sculpteur péruvien qui planta trois drapeaux sous le coup de feu de l'ennemi dans un bar assiégé par les Prussiens l'an dernier quand ils sont venus en car voir le strip de... mais je vous parlais de Devos. J'arrive donc aux Trois Baudets. Le quatrième me répond :*

*– Devos ? Il n'est pas là. On l'a embarqué.*

*– Mais il n'a pas le pied marin, sanglotai-je.*

*– Il a le pied cinématographique et ça suffit, rétorque mon rogue interlocuteur (essayez un peu de dire ça vite, ça fait un drôle d'exercice de prononciation).*

*– Et où est-il ? demandai-je sans me démonter (parce que moi, faut pas confondre avec la mer de Raymond, je ne me démonte jamais).*

– *Je vous dis qu'on l'a embarqué, réitère le préposé incompréhensif.*

– *On ne peut pas l'embarquer sans sa mer, observai-je.*

– *On l'a embarqué avec sa mer et le reste, y compris les applaudissements.*

– *Et où ça ? interrogeai-je plein de superbe.*

– *À la Halle.*

– *Alors il est dans les choux ?*

– *Mais non, pas à la Halle centrale, à la Halle en bas.*

*Je commençais à entrevoir...*

– *À l'Alhambra, voulez-vous dire, dis-je...*

– *C'est ça, dans les jardins fleuris du même nom.*

*Il me menait en bateau. Je décide de frapper un grand coup. Mais sur quoi ? Il n'y avait plus rien. Plus de Baudets. Plus de Devos. Plus de préposé. Rien que la mer, la mer, comme Waterloo morne plaine mais en plus mouillée. Je saute dans une gondole qui se met à se tordre.*

– *À l'eau ! dis-je.*

*On me répond :*

– *Il n'y a plus de places.*

– *À l'Alhambra ? m'exclamai-je. Ça, c'est le comble !*

– *Exactement, me fait-on remarquer, comble depuis l'ouverture.*

*Je me mets à ricaner avec une trace de sadisme :*

– *Je m'en fiche, on me donnera le disque. Avec les applaudissements, l'Alhambra, les Devos, les trois bourrins et...*

*La brute avait déjà raccroché. Ma flèche du Parthe perdue ! Pas pour tout le monde : elle tue un pigeon au vol. Les poulet m'entraînent – on se soutient !...*

*Ça m'apprendra à vouloir voir Devos, le prochain coup, j'irai voir la mer. La sienne. La mienne n'a pas de pick-up.*

Boris Vian [1]

Quelle formidable marque de tendresse !

Raymond DEVOS

---

1. *En avant la zizique*, de Boris Vian.
© Société nouvelle des éditions Pauvert, 1997.
© Librairie Arthème Fayard, 2001, pour l'édition en œuvres complètes.

J'ai écrit ce qui suit à jeun... c'est-à-dire que je n'étais pas sous l'emprise de la boisson...

Je n'ai aucune excuse... !

Quand on ne cherche pas... on obtient !

Pensée

Quand on ne cherche pas... on obtient !

# A

**ABSURDITÉ**
À d'autres époques, il y a eu le romantisme, le classicisme...
Et puis aujourd'hui, il y a l'absurde.

*

Si je retire du ciel ses étoiles, en supposant que j'en aie le pouvoir, je ne touche pas au ciel et pourtant, à mes yeux, le ciel n'est plus le ciel.
Car un ciel sans étoiles n'est plus un ciel.
Donc, en retirant simplement les étoiles, je supprime le ciel !

**ACTEUR**
Tout ce que j'écris, tout ce que j'invente tourne autour d'un personnage qui est moi et que j'interprète...

*

Dire un texte en public, c'est comme lâcher un trapèze pour en rattraper un autre.

Sauf qu'on ne se tue pas si on rate un bon mot.

On se contente d'une chute infinie dans le vide.

\*

Lors d'une cérémonie des césars, j'observais des acteurs en proie au plus douloureux des tracs. Ils étaient tous livides, pétris d'angoisse, à la limite du désespoir. Un jeune journaliste qui se trouvait là, micro tendu, les interviewait l'un après l'autre :

– Que pensez-vous de ce métier ?

– Ah, monsieur ! C'est le plus beau métier du monde !

Ils étaient unanimes ! Alors que cinq minutes avant, je les avais vus malades à mourir.

Et ils sont souvent malades très longtemps, les artistes, quelquefois même toute leur vie !

Cela me fascine totalement.

\*

Si on ne me voit pas dans le monde, c'est parce que la chance veut que mon métier marche bien. Cela m'évite de devoir me montrer.

\*

Je n'ai joué qu'une seule fois à New York. J'y ai fait mes adieux.

\*

L'actualité a un impact comique formidable mais pour moi, c'est trop fugitif.

Ce que je fais, c'est un comique intérieur plaqué sur le rêve.

Un comique de drame intérieur, des raideurs qui se font à l'intérieur des gens, des raideurs de pensée, l'idée fixe...

Je crois qu'il fallait arriver à ça.

*

Quand j'étais comédien, j'ai toujours eu du mal à jouer des personnages dont la vie était moins intéressante ou moins joyeuse que la mienne. Je trouvais ça insensé.

*

L'acteur qui, sur scène, est nulle part et partout à la fois, a forcément le don d'ubiquité.

## ADAM

On est toujours devancé par quelqu'un.

On a toujours eu quelqu'un devant soi !

Le premier homme... Quel premier homme ?

Il n'y a jamais eu de premier homme. C'est difficile à admettre !

Mais ça l'est moins que d'imaginer un homme qui n'aurait pas eu de prédécesseur.

Pourtant, me direz-vous, Adam ?

Adam a été le premier homme en religion. Mais comme en religion, les premiers seront les derniers, ça ne l'a pas beaucoup avancé.

*

Si au lieu d'offrir à Adam une pomme, Ève lui eût offert une pêche, qu'en aurait-il découlé ?

## ÂGE

Mes différents âges...

J'ai selon les circonstances, les situations, les humeurs, des âges différents.

Quand je joue aux billes avec les gosses de la rue, j'ai 8 ans...

Au papa et à la maman, j'ai 5 ans...

Quand je joue de la prunelle, j'ai 20 ans, etc.

Quelquefois, j'ai 10 ans, quelquefois moins...

Parfois plus... 15 ans.

Parfois, je change d'âge dans la journée.

Je me lève le matin, j'ai 70 ans (sonnés).

Je m'étire, j'en ai 5 de moins.

Après le petit déjeuner, je frôle les 60 ans.

Je parle un peu avec mon voisin qui, lui, a 60 ans.

Ah le pauvre vieux !

Je remercie le Ciel d'en avoir 10 de moins !

**AILLEURS**

Ce besoin d'aller voir ailleurs, il doit bien venir de quelque part !

**ÂME**

Je suis encore sous le coup d'une émotion violente. Je viens de passer une radio, une radiographie.

Le docteur m'a dit :

– Qu'est-ce que vous éprouvez ?

– Du vague à l'âme !

– Pouvez-vous être plus précis ? On va voir ça...

Il m'a placé derrière un écran lumineux et il a commencé à observer ma vie intérieure, tout en parlant :

– Bon... le cœur y est... le foie... il est là... la rate... à sa place !... Bon ! Les poumons ?

Toussez un peu pour voir !

– Hum ! Hum !

– Ça alors ? Priez un peu pour voir ?... Mais priez donc !

– Je prie, docteur, intérieurement mais le cœur n'y est pas !

– Si, si, le cœur y est !... Côté foie...

– Je ne l'ai pas !

– Si ! Vous l'avez, le foie est là... Les poumons... Toussez ! Toussez !

Il devenait de plus en plus fébrile...

– Il faut se rendre à l'évidence...

– Qu'est-ce qu'il y a, docteur ?

– Il y a que...

– Quoi ?... Dites !

– Vous n'avez pas d'âme ! J'ai beau chercher... Je ne vois pas âme qui vive...

– Écoutez, ce n'est pas possible. J'ai failli la rendre la semaine dernière...

– Eh bien voilà, c'est ça ! Vous n'avez pas fait que faillir... vous l'avez rendue !

– Mais je serais mort !

– Mais vous l'êtes !

– Quoi ?

– Cliniquement, vous êtes encore en vie mais spiri-tuellement, vous n'êtes plus de ce monde !

– Alors, docteur, que dois-je faire ?

– Prier ! Prier ! Il n'y a que ça ! Priez deux fois par jour avant chaque repas !

– Prier, mais pourquoi ?

– Pour votre repas éternel !

Il est fou ! Il est fou, ce docteur !

## AMOUR

En amour, il y en a qui voudraient se retrouver tout de suite en plein ciel. Non !

Il faut dans les transports une progression.

Il faut partir du sol, mieux vaudrait d'ailleurs du sous-sol...

En premier lieu, prendre un métro...

En deuxième lieu, le bus !

En troisième, le remonte-pente...

En quatrième, le ballon captif.

Puis en cinquième lieu, l'hélico.

Et en sixième, l'aéroplane... pour se retrouver au septième ciel !

Évidemment, on peut prendre une fusée...

Mais c'est plus expéditif !

Pour redescendre, un planeur suffit.

\*

Ils s'aiment à tous vents.

\*

Cri d'amour : la haine prenant de plus en plus d'ampleur dans le monde, je vais, si vous le permettez, pousser un cri d'amour :

– Rahh !

Il est un peu rauque, parce qu'il est charnel.

\*

Elle est mon Nord, mon idée fixe, et moi, je suis comme une aiguille aimantée.

J'ai beau me détourner d'elle dans tous les sens, tous mes sens se retournent vers elle.

Elle est mon pôle d'attraction.

\*

À ceux qui me châtient parce qu'ils m'aiment bien, je préfère ceux qui me haïssent et qui me foutent la paix !

## ANARCHISTE

Je crois que je suis un anarchiste.
Tout acteur ne peut qu'être anarchiste.
Je parle sur le plan de l'esprit...
Il faut être vagabond pour créer.

## ANECDOTES (DE TOURNÉE ET AUTRES)

L'un de mes premiers monologues, *Le Pied*, m'a été inspiré d'un voyage en Allemagne avec la compagnie Jacques-Fabbri. À l'issue du spectacle *La Famille Arlequin*, une équipe d'actualités nous a demandé de rester pour filmer quelques plans de nous. Ils m'ont demandé de me mettre sur les mains, tête en bas, pieds en l'air :

– Restez comme ça, M. Devos. Très bien ! Encore une prise ou deux et ce sera tout.

J'ai dû le faire quinze fois... J'ai su ensuite qu'ils avaient simplement pris un gros plan de mon pied. Fabbri le prenait dans sa main et faisait semblant de téléphoner.

Quand je me suis souvenu de l'effort que j'avais dû fournir, tout ça pour un gros plan de mon pied... j'ai trouvé ça rigolo ! À la fin d'un repas avec la troupe, je me suis levé et j'ai dit :

– Mesdames et messieurs, mon pied a fait un effet terrible ! Le metteur en scène m'a dit qu'il cherchait un pied pareil depuis plusieurs années. « Venez demain au studio. Avec votre pied droit. – Et le pied gauche ? – Il ne m'intéresse pas. » J'ai été ferme : ce sera les deux ou rien !

Et c'était parti !

*

À mes débuts, j'avais cinq ou six textes pour tenir la scène une vingtaine de minutes.

Je devais jouer dans un cabaret du côté de Versailles.

Je commence sur une petite estrade avec un rideau derrière moi.

Premier sketch : les gens ne rient pas.

Deuxième sketch : les gens ne rient pas.

Derrière moi, je sentais le directeur qui allait et venait, frôlant le rideau...

Troisième texte : le bide !

Lorsque j'eus terminé de dire mes textes, je sors... Le directeur me lance :

– Maintenant, Devos, envoyez vos gros trucs !

Je n'avais plus rien à dire, plus de textes !

Je lui ai répondu :

– Monsieur le directeur, il faut savoir s'arrêter à temps !

*

Quand j'ai débuté au cabaret, le public était surtout composé de gens aisés.

Je n'ai rien contre les riches mais... ils portent des gants.

Alors, quand ils vous applaudissent... c'est feutré !

*

À l'époque où je faisais du cabaret – particulièrement dans les casinos –, le directeur de l'un d'eux m'accueille un jour à bras ouverts :

– Ah ! Devos... Depuis le temps qu'on vous attend ! Enfin, vous êtes là, nous sommes ravis !

Dans ma loge m'attendaient des fleurs et du champagne.

– Tout va bien ? Vous n'avez besoin de rien ? Vous êtes en forme ?

Les directeurs de cabarets demandent souvent ça à l'artiste car ils ont peur d'être volés ! Si on répond qu'on va mal, catastrophe !

– Remontrez-moi le contrat !

Le soir venu, le directeur me dorlote encore :

– Le public est là pour vous, la salle est pleine !

Alors que j'entre en scène avec ma valise, je trébuche sur le plateau et je tombe. Pas un rire. Je fais mon tour : sans succès. Au moment de sortir de scène, je retombe. Je ramasse mes affaires et je regagne ma loge. C'était vraiment Chaplin dans *Les Feux de la rampe*. Une vraie tragédie. Effondré,

je commence à me démaquiller quand j'entends sou-
dain comme un léger frottement. Je me retourne : on
avait glissé mon cachet sous la porte... Quelle gifle !

Bon, j'ai tout de même recompté les billets : on ne
sait jamais.

*

J'ai fait mourir de rire.

À Vichy, un soir dans la fosse d'orchestre, on a vu
passer un brancard pendant le spectacle.

Quelques minutes plus tard, deux infirmiers s'en
allaient transportant une personne décédée.

C'était une femme morte de rire ou de *non-rire*, il
ne faut pas se vanter !

Cela m'a fait un drôle d'effet.

Mais j'en sauve aussi pas mal !

Je possède des lettres de gens qui m'écrivent :

« Monsieur, j'étais désespéré, la vie ne m'intéressait
plus, j'étais sur le point de me suicider mais je vous ai
entendu et j'ai remis mon projet à plus tard. »

*

Une dame me croise dans la rue. Elle s'écrie :
– Ce n'est pas moi qui vous ai vu hier à la télé ?
– C'est possible ! Vous étiez si nombreux !

*

Une femme croise Jean Marais dans la rue. Le reconnaissant, elle s'écrie :
– Vous êtes encore plus beau que dans la réalité !

*

Question d'un douanier suisse :
– Qu'est-ce que vous venez faire en Suisse, M. Devos ?
– Mon numéro.
– Dans quelle banque ?

*

À Digne, j'étais sur scène lorsqu'une mite est venue tourner autour de moi.

Que vouliez-vous que je fasse ?

J'ai engagé le dialogue avec elle. Les gens riaient beaucoup.

C'était un délire collectif.

Au début, j'ai été gentil avec elle.

J'ai fini par lui dire qu'elle pourrait s'éloigner un peu...

– Outre que tu bouffes mes effets, le public ne m'écoute plus...

Ce n'est pas que je sois jaloux mais c'est moi que l'on a invité...

*

Au restaurant, près d'Esch-sur-Alzette, la patronne :
– Vous ressemblez à Raymond Devos !

– Ne dites pas ça ! Raymond Devos n'est pas beau !
– C'est vrai !

*

Il m'arrive de temps en temps de m'écrier « Bon anniversaire ! » à la fin de la représentation, en partant du principe qu'au moins un spectateur est concerné. Pour qu'il ait le plaisir de se dire : « Tiens, aujourd'hui, c'est pour moi qu'il a joué ! »

*

Au restaurant, à Chambéry.
Dans la pièce voisine, un client dit à un autre :
– Il y a Raymond Devos dans la pièce à côté. Va lui demander un autographe !
Le type arrive, un bout de papier à la main et demande l'autographe à... mon pianiste !

*

Au restaurant, à Bruxelles, un client commande des crudités en même temps que moi. Le garçon les apporte.
Mais si j'ai des tomates, l'autre client n'en a pas.
Fureur de celui-ci.
J'ai essayé de le réconforter comme j'ai pu :
– Pendant cinq ans, monsieur, j'ai vu passer des tomates ! Au bout de cinq ans, on m'a mis une ou deux

rondelles pour voir ce que ça donnait. Il m'a fallu quinze ans de métier pour avoir des tomates !

*

Je suis allé travailler le trampoline à l'INS de Vincennes. Les athlètes en tenue me précédaient jusqu'à la salle de sport.

Moi, derrière, j'avais l'impression d'être en pyjama et en pantoufles !

*

Aux Eyzies, la dame qui faisait visiter le squelette préhistorique avait placardé sur sa porte : « Je suis partie faire des commissions. »

*

Lors d'une conférence sur le rire, un PDG se plaint qu'un de ses employés est d'humeur inégale.

La veille, il arrive d'humeur enjouée. Le lendemain, il revient triste, morose.

Alors, ça le désole. Il me dit :

– Devant ça, qu'est-ce que je peux faire ?

Je lui dis :

– Dites à votre employé de revenir la veille !

*

Roger Nicolas et moi, à chaque fois qu'on se voyait, on faisait un concours : c'était à celui qui jonglerait avec les plus petites choses.

Un jour, il a jonglé avec des pépins !

Comment le battre ? J'ai jonglé avec des atomes.

## ANGE

Tant que l'ange (qui passe) me fera signe en passant, bon !

Le jour où il me fera la gueule... ce sera mauvais signe !

## ANGOISSE

Les heures réservées aux angoisses.

– Ne me parlez pas en ce moment. Ce n'est pas l'heure des angoisses !

\*

– Que pensez-vous de l'angoisse ?

– Si vous croyez que j'ai le temps de m'occuper de ce genre de chose !... J'ai trop à faire !

## ANIMAUX

Quand l'autruche, qui se prenait pour un cygne, découvrit sa véritable nature, son premier mouvement fut d'enfouir sa tête dans le sable !

Mais, toutes réflexions faites, elle courut jusqu'à l'étang, s'y laissa glisser et... s'y noya !

*

Un chameau qui se prend pour une autruche, quand il a peur, il plonge sa tête dans l'eau !

*

J'ai connu un boa... c'était un serpent long de six pieds... qui rampait de travers.

Alors, les autres serpents disaient, le voyant onduler :

– Le boa boit !

*

Ce qui différencie la bête de l'homme.

Chez la bête, tout est instinctif et spontané.

Chez l'homme, tout est réflexion et raison.

Parfois, entre un raisonnement et une réflexion, je replonge dans l'instinctif et le spontané...

Un petit coup d'instantané et d'instinctif !

*

Un homme qui vise une mouche peut rater sa cible.

Une mouche qui vise un homme fait mouche à tout coup.

*

Une pie qui chante, c'est embêtant.
Mais une pie qui danse, c'est pis !

*

– J'ai écrit un bouquin sur l'intelligence des moutons.
– Un gros bouquin ?
– Il fait une demi-page !

**ANOMALIES**
Il s'appelait Nogent-sur-Marne. Il a changé de nom.
Il s'appelle désormais Vitry-sur-Seine.
Parce que c'est plus près de chez lui.

*

*Cher Monsieur,*
*Je suis heureux de vous faire part de ma nouvelle découverte, le stylo à encre invisible.*
*Pour lire cette missive, il vous suffira de repasser la plume du stylo sur le tracé des lettres et celles-ci deviendront apparentes.*

*Votre dévoué*

*

Il pleuvait. Je rentre chez moi.
Au moment de fermer mon parapluie, je me suis aperçu que je l'avais oublié.

Je me suis dit :

– Une chance que je ne m'en sois pas aperçu plus tôt, j'eusse été tout trempé !

*

Appeler un chat un chat, alors que c'est une chatte, n'est pas une marque de franchise, mais une erreur de jugement.

*

Un menuisier entre sur scène, une scie à la main.

– Qu'est-ce que vous venez faire ?

– Je viens scier la queue du piano...

– Mais pourquoi voulez-vous scier la queue du piano ?

– Parce que l'autoroute va passer exactement ici !...

*

Mon voisin me dit :

– Récemment, j'ai acheté une boîte de cassoulet. Je l'ouvre. Elle était pleine de choucroute.

– Et alors ?

– Et alors, j'ai découvert que la choucroute était bien meilleure dans une boîte de cassoulet.

– Et alors ?

– Et alors, quand je veux manger un bon cassoulet, je l'achète dans une boîte de choucroute !

*

Étrange vision : j'ai vu sur un radeau une méduse qui riait.

*

J'ai observé des choses que personne n'a jamais vues.

Vous avez sûrement vu un escargot rentrer dans sa coquille...

Mais une noix ? Avez-vous déjà vu une noix rentrer dans sa coquille ?

Eh bien moi, si !

En extrapolant, j'ai même vu une noix rentrer dans une coquille d'escargot, une noix perverse ! Il faut dire qu'il faisait nuit...

L'inverse, non ! Je l'avoue... Un escargot qui rentre dans une coquille de noix ?...

Cela reste à voir...

Ah, je n'ai pas encore tout vu !

*

Je fais des choses surprenantes.

Parfois, j'ai envie d'aller au bord de la mer pour m'y baigner.

Bon ! Les circonstances m'en empêchant, savez-vous ce que je fais ?

Je remplis la baignoire d'eau. J'y jette mon maillot de bain...

Et je m'y vois dedans (comme si j'y étais).

Jusque-là... heu... c'est inquiétant mais sans plus !

Mais que, lorsque mon maillot s'enfonce dans l'eau, je me mette à crier :

– Au secours ! Je ne sais pas nager !

Vous ne trouvez pas cela suffocant, vous ?

Autre exemple : que, pour éviter d'être cambriolé, mon voisin ait bardé sa porte de serrures et autres verrous de sécurité... Bon !

Que moi, pour prouver à mon voisin qu'il n'en est pas moins cambriolable, j'aille nuitamment lui dérober tout son appareil de sécurité, serrures et autres verrous, sans que cela le réveille, jusque-là, c'est inquiétant, mais sans plus !

Mais que j'installe sur ma propre porte tout le système de sécurité (serrures et verrous compris) subtilisé chez mon voisin, sachant pertinemment qu'ils sont inefficaces, vous ne trouvez pas cela alarmant, vous ?

Anormal !

*

Mes mains ont du mal à se faire entendre.

Elles ont tendance à se faire tirer l'oreille.

*

La lumière qui permet que l'on voie est... invisible.

*

Les morts qui existaient il y a quelques années encore arrivent maintenant vivants à l'hôpital !

## ANTIMATIÈRE

L'antimatière, c'est... c'est un trou... sans rien autour !

## ARBRES

Le chêne qui a froid claque des glands.

*

Lorsqu'un chêne sent le sapin, il sait que sa dernière heure est arrivée.

*

J'ai un marronnier... il est toujours vert. Il ne perd jamais ses feuilles.

Ses marrons ne tombent jamais !

Cela fait qu'ils sont suspendus...

Intrigué, en y regardant de plus près, je me suis aperçu que c'était un arbre artificiel...

Au début, il a dû pousser naturellement et puis, au fil des ans, que s'est-il passé ?

Il s'est artificialisé ! Alors, pour voir ce que cela donnait, j'ai planté des fleurs artificielles tout autour. Eh bien, elles poussent naturellement !

Elles grandissent, s'épanouissent. Elles fleurissent, elles sentent !

J'ai fait analyser la terre. C'est de la terre de Sienne !
Alors ?
Eh bien, elles font des siennes !

## ARMÉE

Avant et après les guerres, les militaires sont là pour ranimer la flamme.

Pendant la guerre, ils font le couvre-feu.

*

À la caserne, on en fait faire des choses au troufion, pendant qu'il y est !

– Vous me ferez huit jours !

– Oh et puis, tiens ! Pendant que vous y êtes, vous m'en ferez quinze !

– À la réflexion, puisque vous y êtes, restez-y !

## ARTISTE

Ce n'est pas le savoir qui fait l'artiste.

C'est le savoir plus le don.

## ARTS

Quand on regarde la Vénus de Milo, on se dit que la sculpture manque de bras.

## ASSURANCE

Je suis assuré contre l'incendie, pas contre les jets de pierres !

– C'est tout comme moi, dit le missionnaire, je n'ai jamais été remboursé pour ma lapidation !

## AU-DELÀ

Celui qui ne voit que l'armoire ne sait pas ce qu'est une armoire !

Une armoire en soi, ce n'est rien.

Une armoire ne vaut que par les costumes qu'elle contient ou les draps qu'elle renferme.

Il faut voir au-delà de l'armoire !

\*

Une noix, ce n'est pas sa coquille qui est intéressante, c'est ce qu'elle contient !

## AUTEUR

L'autre jour, j'ai reçu cette lettre d'un écolier de onze ans :

« Au secours, Raymond Devos : ma moyenne est en baisse ! J'ai eu un zéro en rédaction parce que j'ai écrit un texte à la manière de Devos sur le mot "branché". Ce zéro ne compte pas encore car ma prof épluche l'œuvre de Devos à la recherche de ce texte. Elle est persuadée que c'est vous qui l'avez écrit. Pourriez-vous m'envoyer un mot pour me confirmer que vous n'avez jamais écrit de sketch sur le mot "branché" ? Je vous aime bien, mais pas au point d'avoir un zéro ! »

Il me place dans une situation difficile, ce jeune homme... Parce que si le texte est bon, je suis prêt à dire qu'il est de moi !

## AUTRES

Moi, je suis vous. Et vous, vous êtes tous les autres que je suis.

C'est vous dire si nous sommes très proches.

## AVARICE

C'est le genre de type qui salait et poivrait ses aliments plus que de raison, uniquement parce que le sel et le poivre sont gratuits.

L'aubergiste, lui, s'en foutait ; il salait et poivrait la note dans les mêmes proportions.

*

Chaque fois que je veux le laisser payer la note, il ne me laisse pas faire !

*

L'avare :
– S'ils m'aiment, c'est pour mon bien.

## AVENTURE

Un matin, un ami vient me trouver. Il avait un sac de couchage sur le dos, un barda... et il me dit :
– Je pars !

– Où vas-tu ?

– Je vais faire le tour du monde à pied.

– Dans quel but ?

– Dans le but de revenir à mon point de départ.

C'est ça l'aventure !

C'est comme si quelqu'un disait :

– Je pars. Mon but est d'atteindre le bout de la Terre.

La Terre n'a pas de bout. Elle est ronde. Pour être raisonnable, il faudrait dire :

– Je vais essayer d'atteindre mon point de départ.

Quelle aventure magistrale !

### Bruit de chute

Un jour, j'apprends qu'un bruit court. Je me lance à sa poursuite. J'étais sur le point de l'attraper. Quelqu'un m'a fait « Chut ! » et le bruit a disparu. Je n'en ai plus jamais entendu parler.

# B

**BAGAGES**

À tous les pauvres imbéciles qui sont comme moi d'origine modeste... nés de gens simples...

Ceux qui n'endossaient que les habits de leurs aînés...

Ceux qui n'ont que le *certificat d'études* qu'ils n'ont pas faites...

Ceux que la vie n'a pas bercés...

Ceux qui se sont refusés à baisser le bras, à courber la tête... sauf pour dire merci... merci ! Merci !

– De quoi ?

– De rien !


**BATTRE (SE)**

Je suis très timide. Cela se traduit par des dérobades, des refus. Vouloir faire quelque chose, imaginer comment cela va se faire... et puis se dérober, ne pas le faire. Ne pas avoir le courage, ne pas avoir le droit de le faire... Refouler. Je pense que je suis comme tout le monde, mais chez moi, il y a souvent une grande lâcheté. Ce n'est pas facile à avouer. Je n'aime pas la violence. Si quelqu'un m'insulte ou cherche à me frapper, je n'aime pas cela. Je crois qu'un homme intelligent – je ne prétends pas en être un – évite les situations qui ne lui conviennent pas. Cela m'est arrivé. Je me suis trouvé un jour en face d'un monsieur qui avait l'air d'une armoire à glace et qui était pris de boisson. Nous nous sommes croisés dans la rue, simplement. Instinctivement, je me suis retourné ; il s'est retourné en même temps. Il est venu vers moi et il m'a dit :

– J'ai une tête qui ne te plaît pas ?

J'aurais pu lui dire :

– Non, monsieur.

Mais j'ai raisonné intelligemment et j'ai dit :

– Monsieur, je ne vous connais pas, je ne vous ai pas vu assez longtemps...

Il a été séduit par ces paroles.

– Ah, alors, mon pote, viens ! On va boire un pot !

Il était infirmier, il m'a raconté sa vie. Je m'en suis sorti comme ça. Peut-être qu'un homme d'un certain courage aurait dit :

– Je n'ai rien à voir avec vous, monsieur.

*

– Défends-toi si tu es un homme !

– Je ne me bats qu'avec des mots.

– Des mots ! Je vais te les faire rentrer dans la gorge !

\*

Le soûlot qui se bat sous l'eau à coup d'épée dans l'eau !

\*

Lorsque je donne un coup de poing dans la figure de quelqu'un, j'ai mal à sa figure.

C'est pour cela que je ne me bats pas.

Avez-vous remarqué que lorsqu'on s'est battu avec quelqu'un, on dit :

– Je me suis battu !

\*

Croyez-vous qu'il soit plaisant pour un tueur de constater qu'il prend du plaisir à tuer ?

\*

S'attaquer à plus faible que soi, c'est lâche.

S'attaquer à plus fort que soi, c'est idiot !

Un match met donc en présence un lâche et un idiot, sauf évidemment en cas de match nul.

**BIEN**

Je pourrais dire tant de bien de vous que vous ne vous en relèveriez pas.

*

Au pianiste :

– Dites donc ! Il paraît que vous dites du bien de moi quand je ne suis pas là ?

– Moi ?

– Ne niez pas ! On me l'a rapporté !... Qui ? Des gens dignes de foi. Il paraît que vous chantez mes louanges ! Vous vantez mes mérites ! Je vous remercie ! Vous me faites un tort considérable ! Vous me portez préjudice ! Vous donnez aux gens une fausse idée de ma personne !

Plus tard, quand ils auront le plaisir de me connaître, ils seront déçus !

Ils diront :

– Ce n'est que ça !

Ils tomberont de haut !

Je préfère que vous disiez du mal de moi. Cela m'est plus utile ! Quand on dit du bien de quelqu'un qui ne le mérite pas, le bien qu'on en dit se retourne contre lui ! Si vous persévérez à dire du bien de moi, moi aussi, j'en dirai de vous !

– Oh non ! Pas ça !

– Si ! Je chanterai même vos louanges...

## BONHEUR

Mesdames et messieurs, j'ai une révélation de la plus haute importance à vous faire : nous ne sommes pas ici, en ce bas monde, pour être heureux !

Il faut en prendre son parti...

Je ne pouvais pas garder ça pour moi.

\*

– Vous avez été heureux, vous ?

– Oh ! Hé ! Je pense bien !... La première fois, ça a été... etc.

– Et la deuxième ?

– Lors de... etc.

– Et puis ?

– Et puis, c'est tout !

– Alors, en dehors de ?...

– En dehors de ça, j'ai souffert.

## BOUFFON

J'aurai joué mon rôle de bouffon, de fou, envers et contre tout...

Comme, très tôt, le destin me l'avait fait savoir... connaître, pour ne pas dire commandé.

La vie m'a malmené.

Elle m'a donné leçons sur leçons... leçons particulières que j'ai souvent payées très cher.

J'ai souvent fait des heures supplémentaires.

Faire rire était ma marotte.

Lorsque j'avais froid, je dansais la gigue en agitant mes grelots.

J'ai fait contre mauvaise fortune bon cœur.

Je me réconfortais en citant des phrases toutes faites, issues de l'expérience répétée des autres :

« Qui dort dîne ! »

« Qui a bu boira. »

« Aide-toi, le Ciel t'aidera ! »

Il y en a tout un chapelet.

Cela ne met pas du beurre dans les épinards, mais cela rend philosophe.

Du moins le croit-on !

## BRUIT

Les rumeurs vont de plus en plus vite.

Calculer la vitesse d'une rumeur devient quasiment impossible.

*

Un jour, j'apprends qu'un bruit court.

Je me lance à sa poursuite.

J'étais sur le point de l'attraper. Quelqu'un a fait :

– Chut !

Et le bruit a disparu.

Je n'en ai plus jamais entendu parler.

# C

**CARRÉ**

Il n'existe pas de carré dans la nature.

La nature ne fait pas dans le carré, elle fait dans le rond.

Il n'y a pas d'astres carrés.

Jetez une pierre dans l'eau, elle fait des ronds, pas des carrés !

On fait des ronds de fumée.

Essayez de faire des carrés de fumée.

Il y a toujours une volute qui dépasse.

*

Le carré ment alors que le rond, point !

**CHANCE**

Actuellement, pour recevoir son courrier en temps voulu, il faut compter sur le facteur chance.

*

Chaque fois que quelqu'un a un accident, on lui dit :

– Vous avez de la chance. Ça aurait pu être pire !

Si vous vous êtes cassé une jambe, on vous dit :

– Quelle chance vous avez ! Vous auriez pu vous casser les deux !

Il y a toujours quelque chose qu'on aurait pu se casser en plus !

Et si quelqu'un meurt, on dit encore qu'il a eu de la chance !

Il aurait pu être diminué pour le restant de ses jours !

*

Quand les dieux sont avec vous, il n'y a plus de catastrophe...

Il n'y a que des chances inouïes.

Ce qui vient de m'arriver est exemplaire.

J'avais un petit pavillon dans la banlieue parisienne.

Le pavillon était bien placé mais la banlieue ne l'était pas !

J'avais un jardin tout en pente. La maison était en haut et en bas de la pente coulait une rivière.

Un matin, comme il avait plu toute la nuit, je me dis :

– Tiens ! Je vais aller voir si l'eau de la rivière ne déborde pas !

En réalité, je voulais voir glisser sur l'eau les bouteilles vides, les boîtes de conserve et autres

détritus qui descendent nonchalamment le courant...
J'adore ça !

Je m'engage sur la pente. Je glisse sur le sol boueux et je dévale la pente sur le dos...

Impossible de m'arrêter... et plouf ! Dans la rivière !

Le plus vexant, c'était de voir tous les détritus m'observer sans aménité comme si j'étais un des leurs.

Le temps de me passer un peu d'eau sur le visage, de me rafraîchir, je regagne la berge.

Je m'agrippe à ma terre... je tire... et je vois tout mon terrain glisser vers moi comme j'avais glissé sur lui ! Bien fait !

Plouf ! Un torrent de boue !

Et que vois-je ?

Ma maison, par solidarité sans doute, suivre la même pente et plouf !

Dans la rivière, mais toujours debout !

Là, j'ai crié :

– Les dieux sont avec moi !

Et effectivement, à partir de cet instant, ils ne m'ont plus quitté !


## CHANGEMENT DANS LA CONTINUITÉ

C'était le slogan de Giscard en 1974. Une phrase qu'on entend encore, de temps à autre.

C'est une phrase ambiguë.

Que Giscard me pardonne !

Parce que, pour continuer dans la même voie tout en changeant de direction, il faut être fort !

Moi, je déteste les changements !

Exemple : quand je prends le métro et qu'il faut changer, je ne continue pas !

Parce que le changement dans la continuité, c'est le vieillissement !

Il faut s'en méfier !

Dire à quelqu'un :

– Tu as changé et pourtant, tu continues !

Cela veut dire :

– Tu vieillis !

Tout simplement.

Moi, je suis pour la continuité dans le changement.

C'est l'innovation permanente, le renouvellement constant !


## CHANGEMENT INUTILE

Remplacez l'*h* du mot « huit » par le *c* du mot « cuit », puis mettez un mot à la place de l'autre et vous obtiendrez le même résultat.

Démonstration dans la phrase « Il faut huit minutes pour qu'il soit cuit à point » (phrase des plus arbitraires, volontairement imprécise et parfaitement irrésolue).

Bien ! Je mets l'*h* de « huit » à la place du *c* de « cuit » et j'obtiens : « Il faut cuit minutes pour qu'il soit huit à point. »

Effectivement ! Là, on sent qu'il s'est passé quelque chose.

Bon ! Allons plus loin ! Je mets le mot « huit » à la place de « cuit » et « cuit » à la place de « huit ».

Que voyons-nous ? Que rien n'est changé !

*Qu'il faut toujours huit minutes pour qu'il soit cuit à point !*

Et pourtant... il y a eu DEUX manipulations !

## CHANT

Pourquoi chante-t-on les mots au lieu de les parler ?

Parce que lorsqu'on parle, dès que les mots sont hors des lèvres, ils tombent comme des pierres !

Alors que les mots chantés s'envolent dans les airs comme des oiseaux !

## CHAUVINISME

Conversation entendue.

Dernièrement, je me promenais sur l'avenue des Champs-Élysées...

Qui je rencontre ? Un Français !

Un vrai, qui parlait la même langue que moi !

Je me suis tout de suite senti moins seul.

Les premières effusions passées, il me dit :

– Écoutez... Il vaut mieux que l'on ne nous voie pas ensemble. Cela pourrait paraître suspect. Pensez, deux Français ! Ne restons pas là !

– On se retrouve où ?

– Devant le Français !

– Ah ! Vous en connaissez un autre ?

– Non, je parle du Théâtre-Français ! La Comédie-Française !

– Dites donc !... Vous ne seriez pas chauvin, vous ?

– Si !

Effectivement, il s'appelait Chauvin, monsieur Chauvin !

– Comment savez-vous mon nom ?

– C'est que, lui dis-je, on est tellement peu que l'on finit par connaître le nom de chacun !

*

J'ai fait un rêve bien français.

J'ai rêvé que j'étais un jeune coq tout fringant !

Autour de moi, la basse-cour, que de belles petites poules blanches toutes pimpantes !

L'embarras du choix !

Comme le jour allait se lever, je me suis dressé sur mes ergots et j'ai chanté :

– Cocorico !!

Et ça m'a réveillé... c'est tout !

Qu'est-ce que tu veux faire ?

J'ai repris mes occupations coutumières...


CHEF

Il faut bien que je les suive puisque je suis leur chef !

## CHIEN

J'ai un chien... sans que je lui dise rien, il me suit partout, où que j'aille !

Mais dès que je lui parle, il ne me suit plus... il doit suivre son idée.

*

J'ai connu un spectacle joué par des chiens où il n'y avait pas un chat !

*

Pourquoi ai-je donc relié mes deux mouchoirs, celui des pleurs et celui des rires par un nœud ?

Ah, ça y est ! Je me souviens...

Hier, j'ai vu sur le bord de la route... un homme pleurer de joie en caressant son chien.

Tandis que le chien, remuant la queue de contentement, léchait le visage de son maître.

– C'est beau, lui dis-je, de voir un homme aimer son chien et être aimé de lui à ce point !

C'est alors que je m'aperçus qu'ils avaient tous les deux une corde autour du cou.

Comme je m'en étonnais, l'homme me dit :

– C'est parce que j'ai voulu abandonner mon compagnon de route, monsieur ! Oui, j'ai commis cette chose atroce ! Je l'avais attaché à un arbre à l'aide d'une corde et je m'étais éloigné... sans me retourner... sans même jeter un regard en arrière !

Quelques kilomètres plus loin, un doute m'a traversé l'esprit...

La corde que j'avais passée au cou de mon chien tiendrait-elle ? N'allait-elle pas céder ?

Voulant m'en assurer... j'ai grimpé à un arbre et avec le morceau de corde qui me restait, j'ai fait un nœud coulant ; j'y ai passé la tête... (comme je l'avais fait pour mon chien) et après avoir attaché l'extrémité à une branche, j'ai tendu la corde de tout le poids de mon corps ! Eh bien, la corde a tenu bon !

Mais la branche était trop haute...

Je suis resté suspendu entre ciel et terre et je serais mort pendu si mon chien, après avoir rompu sa corde, ne m'avait rejoint, n'avait bondi dans l'arbre et n'avait coupé la corde avec ses crocs !

Et tandis qu'il me racontait son histoire, l'homme, machinalement, avait relié les deux extrémités des cordes... par un double nœud... si serré que rien ni personne ne pourra jamais le défaire !

### CHIFFRE

– Quel chiffre était-ce ?

– C'était un... c'était un...

– Vous ne vous en souvenez plus ?

– Si ! C'était un...

– Un *un* ?

– Non ! C'était un huit !

– Vous êtes sûr ?

– Oui, parce que sept et un, ça fait huit !

\*

Trois est un mot de trois chiffres : III (romains) ;
14 est un nombre de trois lettres : XIV ;
15 est un nombre de deux lettres : XV.

*

– Prenez un saucisson. Vous en prenez 18 tranches.
Si vous en retranchez 4, il reste 14 tranches !
– C'est faux ! Il en reste 22 !
– Non ! 14 !
– Non ! 22 !
– Enfin ?
– Non, parce que si vous retranchez 4 tranches, au
lieu de les soustraire des 18 déjà tranchées, elles s'y
ajoutent !
– Voyons ! Si vous retranchez, il y en a moins !
– Non, il y en a plus !
– Écoutez, cessons ces bas calculs !
– Oui ! Tranchons là, voulez-vous !

*

Les chiffres parlent d'eux-mêmes !
Si nous prenons les 61 millions de Français, que
nous les divisons par 365 jours, ça fait 167 123,29 Fran-
çais par jour. C'est énorme !
Ce sont des chiffres qui donnent à réfléchir !

*

55

En affaire, si votre associé vous double, on pourrait penser qu'il vous multiplie par deux !

Pas du tout ! Il vous divise...

## CHÔMAGE

Comment résoudre le problème du chômage ?

Par les écoutes téléphoniques !

Il y a en France environ $x$ millions de chômeurs.

Vous prenez $x$ millions de gens qui ont le téléphone et vous les mettez sur table d'écoute.

Vous engagez les $x$ millions de chômeurs pour les écouter et le problème du chômage est résolu.

Vous me direz :

– Avec quoi payer les $x$ millions de chômeurs ?

Avec le prix des communications. Ceux qui parlent paient pour ceux qui écoutent.

## UNE CHOSE À LA FOIS

Quand on fait les choses à moitié, il faudra les refaire entièrement.

*

Quand les gens ne font qu'une chose à la fois, ils s'ennuient.

Ils ont l'impression de perdre leur temps. C'est pourquoi, maintenant, on fait toujours, au moins, deux choses en même temps !

Conduire sa voiture tout en écoutant la radio...

Conduire sa voiture tout en téléphonant.

Vous avez des gens qui marchent en lisant, d'où une certaine distraction. C'est-à-dire que soit leur marche épouse ce qu'ils lisent... si c'est un policier, ils rasent les murs... soit leur lecture adopte le mouvement de la marche...

## CIEL ÉTOILÉ

Les étoiles sont des âmes. Chaque fois qu'une âme quitte son enveloppe charnelle, parce qu'il le faut bien un jour, une étoile naît dans le ciel.

C'est pourquoi il y a tant d'étoiles dans le firmament.

Des milliers et des milliers d'âmes... Toute une constellation...

Et quand une étoile meurt, ce qui est rare, elle se réincarne...

C'est pour cela qu'il y a si peu de naissances...

C'est pourquoi lorsque vous levez les yeux au ciel, elles vous font de l'œil !

– Mais Dieu, qui est en trois personnes, n'a-t-il qu'une seule âme ?

– Oui ! Mais elle a trois étoiles !

## CINÉMA

Si on avait filmé les pièces de Molière à l'époque où elles furent créées, peut-être qu'on ne les jouerait plus !

*

Le cinéma investit trop d'argent dans les films pour être un grand Art !

\*

Le metteur en scène, complètement nase... voulait que je mette un faux nez !

Je lui dis :

– On ne me reconnaîtra pas !

– C'est ce que je désire... Quand je vous ai engagé, je ne vous connaissais pas. Maintenant que je sais que vous êtes connu, je ne tiens pas à ce que l'on vous reconnaisse !

– Pourtant, je gagne à être connu !

– Oui ! Mais pas assez pour être reconnu !

\*

Récemment, je rencontre un acteur connu. Je lui dis :

– On ne te voit pas beaucoup en ce moment sur les écrans de cinéma...

– Oui, il y a longtemps que je n'en ai fait.

– Pourquoi ?

– Le cinéma, ce n'est plus ça !

– Ah ?

– Dernièrement, je suis allé voir plusieurs films... Je ne peux pas dire qu'ils étaient mauvais mais je ne sais pas... je me disais qu'il manquait quelque chose...

– Quoi ?

– Quelque chose... je n'arrivais pas à savoir quoi. J'y suis retourné... et tout à coup ?... cela m'a sauté aux yeux ! Ce n'est pas quelque chose qui manquait mais quelqu'un !

– Qui ?

– Moi !

\*

Un producteur dit :

– Je vais tourner la vie de Charles Aznavour. Pour l'incarner, j'ai choisi Belmondo.

– Pourquoi pas Aznavour ?

– Il est trop petit !

## CLEF

Récemment, je lis dans les petites annonces : « Possédant serrure fermée à clef et n'ayant pas la clef, recherche quelqu'un possédant clef de trop (dont il n'a pas la serrure), quelquefois que ça irait ! »

Je me présente à l'adresse indiquée. Je sonne. On ouvre.

– Je suis sésame, madame, je viens pour la serrure...

– C'est moi ! Vous avez la clef en question ?

Je la lui sors.

– Mais elle est toute petite ?

– Madame, qu'à cela ne tienne ! Si vous n'en voulez pas !...

Et je l'ai remise dans ma poche !

Il ne faut pas chercher à comprendre.

C'est une histoire à clef !...

## CLOWN

Le clown vient nous rappeler qu'on est sans cesse ridicule quand on est constamment raisonnable.

*

Ne dites à personne que vous m'avez vu faire le clown !

Cela me ferait du tort.

Les gens :

– On pensait qu'il avait une vie intérieure profonde !

– Il est bien léger ! Je le trouve bien superficiel !

Cela nuirait à ma réputation d'homme angoissé !

*

J'admire le clown parce qu'il consent. Il consent à s'abaisser pour essayer de s'élever. Au milieu du rond, là, avec une lumière qui lui tombe sur la tête, il nous dit qu'il suffit de très peu de chose pour que l'on se dégrade.

Il suffit de peu de chose aussi pour que l'on se reprenne.

*

Les clowns font l'éloge de la folie qui fait que tout redevient humain.

Ils condamnent sans cesse la prétention qui nous guette.

La noblesse du clown, c'est de montrer l'homme sous toutes ses facettes, dans son côté lamentable, dans son côté superbe.

Les paillettes, c'est l'éclat, la poudre aux yeux.

Le pantalon qui dégouline, c'est une détresse peut-être morale.

Le défi, c'est vivre à tout prix.

\*

Je suis un clown musicien trop bavard pour le cirque.

\*

Un monsieur dit :

– Je suis clown... Je suis Auguste.

Il va voir le directeur de cirque qui lui dit :

– Alors, vous êtes drôle ?

– Ah, monsieur ! Je prends des coups de pied au derrière et les gens : Ha ! Ha !

– Signez là !

Il sort.

C'est à lui et il entre. Il prend un coup de pied au derrière.

Si les gens rient :

– Quel artiste !

Le directeur :

– Oh, il a réussi ! Bravo ! Oh, il est fort !

Si les gens ne rient pas, qu'est-ce qu'il reste ?

Il reste un monsieur qui a pris un coup de pied au derrière en présence de mille personnes...

Honteux...

C'est épouvantable.


## CODE

L'automobiliste :

– Ce n'est pas civil, ce que vous faites !

– Si ! C'est inscrit dans le code !

– Le code de la route ?

– Non, le code civil !


## COMIQUE

Le comique, c'est l'intelligence.

C'est le décalage entre la réflexion et la vie spontanée (la vie instinctive).

La réflexion qui est toujours en retard par rapport à la vie spontanée.

C'est de ce décalage que découle le comique.

C'en est une des racines.

*

Il n'y a pas beaucoup de *charge* comique dans une situation dite drôle.

C'est pourquoi si on veut qu'elle explose, il faut éviter de la *diluer*.

Il faut éviter de mouiller le pétard.

La *charge* comique se suffit à elle-même.

Évitez de la surcharger !

*

Les comiques ont des blessures d'orgueil. Quand on a la prétention de distraire les gens et qu'on n'y parvient pas, c'est pire encore que de recevoir une gifle.

L'orgueil, voilà bien le véritable ennemi du comique.

*

Le comique, par définition, dégrade les valeurs.

Il ne faut donc pas rire de choses déjà dégradées.

Autant s'attaquer à des valeurs qui résistent.

Lorsqu'on dégrade des choses déjà dégradées, on tombe dans la vulgarité.

*

Deux exemples pour illustrer le tragique et le comique.

Lorsqu'un premier avril, on accroche dans le dos de quelqu'un un poisson, c'est comique.

Lorsqu'au lieu d'un poisson, on lui plante un poignard, c'est tragique.

Maintenant, si on plante le poignard pour y accrocher à son manche un poisson, c'est tragi-comique.

## COMPLIMENTS

Les autres sont formidables et moi, je suis comme les autres !

*

Je ne suis pas autrement que mon voisin qui est un type formidable.

Je suis souvent d'accord avec ce qu'il dit.

Exemple : il considère que mon esprit est supérieur au sien.

Eh bien, je partage entièrement son avis !

*

Les grands artistes ne sont jamais prétentieux.

Est-ce que je suis prétentieux, moi ?

## COMPRENDRE

Si vous voulez comprendre ce que je dis, ne m'obligez pas à m'expliquer clairement !

*

Il ne s'agit pas d'apprendre mais de comprendre.

Et lorsque tu as compris, tu sais !

**COMPTE**

Pourquoi lorsque l'on se trompe sur mon compte, c'est toujours à mon désavantage ?

**CON**

– Vous êtes con ou quoi ?
– Quoi ?
Il est encore plus con que je ne le croyais !
J'aurais mieux fait de rester coi.

*

– Ce monsieur, comment l'appelle-t-on déjà ?
– Quand il n'est pas là, on l'appelle le con.
– Chut !... Taisez-vous, voyons ! Il est là !
*(Entre le monsieur dont on parle.)*
– Quand il est là, je ne sais pas comment on l'appelle !

*

– Pourquoi dites-vous : « Nous sommes tous des cons » ?
– Parce que j'ai trop peur de la solitude !

**CONCOURS**

Un concours, c'est comme une loterie !
La chanteuse qui espérait gagner un kilo de sucre finalement n'a emporté qu'un filet de voix !

*

À la suite d'un concours de circonstances, il obtint le premier prix.

## CONNARD

Quand je vois la puissance comique que contient ce mot et l'usage que les amuseurs en font, je me demande comment j'ai pu faire rire sans jamais prononcer le mot.

Quel connard j'étais ! Et je l'ignorais !

Si c'était à refaire, je me ferais appeler « connard », si bien que chaque fois qu'un amuseur emploierait le mot, il citerait mon nom !

On dirait de lui :

– Il fait du connard !

Chaque fois que j'ouvrirais la bouche, on dirait :

– Arrête tes conneries, connard !

Je deviendrais la coqueluche des connards.

Et puis, le jour où j'en aurais assez d'entendre des conneries que l'on pourrait dire sur moi, dans le genre « Il vulgarise le comique ! Bravo, connard ! », je ferais comme tout connard qui se respecte, je tiendrais dans un film sérieux un rôle dramatique.

Les gens diront :

– Il nous a eus, le connard ! Il est Raimu et Bourvil réunis !

Deux comiques que, jadis, les gens prenaient au sérieux !

Ah, les connards !

*

Ce qu'on peut faire en deux mots.

Je bouscule un type qui allait entrer en même temps que moi.

Je lui dis :

– Pardon !

Il me répond :

– Connard !

Je lui dis :

– Pardon ?

Il me répond :

– Connard !

Je le bouscule à nouveau et je lui dis :

– Pardon, connard !...

Il est resté comme ça...

Que vouliez-vous qu'il réponde ?

J'avais tout dit !

\*

De nos jours, pour un comique, dire trois phrases sans employer le mot « connard », c'est du suicide !

Moi qui ne l'employais jamais, je devrais être mort depuis longtemps.

CONNU

Il ne gagne pas à être connu, et pourtant, plus il est connu, plus il gagne !

\*

Lorsque quelqu'un dit d'un autre « Je le connais ! »,
il bluffe !

Que peut-il savoir de lui ?

Son nom ?

Son adresse ?

Son aspect extérieur ?

Un peu ce qu'il pense ?

Mais ce qu'il est ?

Il n'en sait rien !

## CONSEIL

Je vous conseille de ne pas écouter les gens qui
donnent des conseils.

## CONSERVATOIRE

Christian Chevreuse est sorti du Conservatoire
avec une voix.

## CONVERSATIONS

Tous ces gens qui, au lieu de vous donner le
résultat d'une chose, vous en donnent le compte
rendu détaillé !

## COULEURS

Le vert étant la couleur complémentaire du rouge,
on peut dire que le vert est dans le rouge (et le rouge
est dans le vert).

Le ver est dans le fruit.

Le jus de fruit est dans le verre.

Ne pas confondre avec le fait de verser du vin rouge dans un verre !

Rien à boire... à voir !

\*

Tous les tableaux des grands peintres sont noirs la nuit.

Alors qu'un tableau noir, le jour, peut se colorer à la craie de couleur.

## COUP DE FIL

Je reçois un coup de fil curieux d'un ami.

– Allô ? Comment vas-tu ?

– Très bien ! Merci.

L'ami, surpris :

– Ah !... Je te croyais gravement malade ?

– Pas du tout ! Je me porte très bien !

– Ah, ça ne fait rien... tant pis !... Excuse-moi de t'avoir dérangé...

Et il a raccroché. Curieux, non ?

## COURIR

Pourquoi courez-vous ?

– Parce qu'on nous a tellement fait marcher jusqu'ici... qu'on ne marche plus ! Mais comme on veut continuer d'aller de l'avant... on court !

## COÛT DU CIERGE

J'ai fait brûler un cierge pour que celle que j'aime m'aime aussi.

Cela m'a coûté deux francs.

J'en ai fait brûler un deuxième pour que mes affaires qui n'allaient pas aillent.

Cela m'a coûté deux autres francs.

Puis, j'en ai fait brûler pour tout ce qui ne va pas dans le monde.

Et j'en ai eu pour cinquante-sept mille trois cent quatre-vingts francs !

Et encore, j'ai triché !

J'ai fait aller des choses qui allaient ! Par économie !

## CRITIQUE

J'ai parfois reçu de mauvaises critiques. Elles m'ont fait beaucoup de mal.

Surtout quand elles étaient fondées, parce que je le savais !

Croyez-vous que ce soit rendre service à un artiste que de lui dire :

– Dites donc, votre truc là, c'est pas bon !

Il le sait. S'il le fait, c'est parce qu'il n'a pas trouvé mieux.

\*

L'art est difficile mais la critique l'est encore plus !

\*

– Je vous trouve juge et partie.

– Faux ! Je n'ai jamais été juge et... je suis déjà parti !

*

Vous me dites que vos jeunes ont le sens critique.

J'aurais préféré qu'ils eussent le sens admiratif parce que d'après ce que j'en ai vu, le sens critique, ils l'ont pour les autres mais pas pour eux-mêmes !

## CUL

Je ne montre pas mes fesses en public. On croit que c'est par pudeur.

C'est surtout parce que je ne suis pas sûr du résultat.

*

Un coup de pied au derrière, c'est moins percutant qu'un coup de pied au cul !

C'est ce qu'ont fort bien compris certains nouveaux comiques qui, au lieu de faire voir leur derrière, montrent leur cul !

On ne leur en demande pas tant !

– Pensez-vous à Coluche ?

– Non ! Lui, c'est différent. Il devait montrer ses fesses puisqu'on le portait aux nues.

*

Un spectateur m'a fait remarquer à l'entracte que je n'avais pas encore employé le mot « cul ».

– Vous n'êtes pas contre ?

Je lui ai répondu simplement :

– Je n'ai pas su où le placer.

# D

**DALTONIEN**

Chez un daltonien pervers, le processus est inversé...
Il voit comme tout le monde !

*

Le daltonien du sentiment qui rit au lieu de pleurer
et qui pleure au lieu de rire.

**DÉDOUBLEMENT**

On se prend souvent pour quelqu'un alors qu'au
fond on est plusieurs.

Aussi vrai que je me retrouve chez les autres, je
retrouve les autres en moi, dans mes réactions. Ce
problème du dédoublement m'obsédait. Alors, j'ai
essayé de traiter la question sur un plan comique. Par
exemple, pour faire comprendre aux gens cette histoire
de dédoublement, de l'ange gardien dont nous parlons
tous, cette « conscience », je disais souvent sur scène :

– Je me suis dédoublé. Vous me voyez assis alors que je suis debout. Je sais que c'est difficile à admettre. Je ne sais pas d'ailleurs si d'où vous êtes, vous pouvez me voir assis.

Je me levais et j'allais vers les gens, je me mettais à leur place et je regardais. Je leur disais :

– Ah non, d'où vous êtes, vous ne pouvez pas me voir assis.

Et j'ai continué à travailler mon idée. Je suis allé jusqu'à construire mon double, c'est-à-dire un mannequin qui me ressemble. Et puis, sous un éclairage savant, je revenais et je me mettais à côté de moi en disant à mon double :

– Ça y est, il est temps de sortir, la représentation est terminée.

Je me poussais, je me prenais dans mes bras et je me sortais.


## DÉLIRE MÉTRONOMIQUE

Un jour, quelqu'un m'a mis au défi d'écrire un monologue sur un métronome, cet objet qui bat la mesure à votre place. Bah ! Je n'avais pas autre chose à faire... J'ai relevé le défi.

*(Entrant, un paquet à la main.)*

Mesdames et messieurs, ce paquet contient un objet extrêmement rare que j'ai rapporté de mon dernier voyage dans l'imaginaire... un désert que je traversais à pied.

*(Tout en retirant le papier qui l'enveloppe.)*

Il était enfoui dans le sable.

Lorsque j'ai mis le pied dessus, tout d'abord, j'ai cru que c'était une mine, j'ai cru que j'allais sauter...

Et puis j'ai réalisé que dans l'imaginaire, il n'y a pas de mine !

Et pourtant, c'en était une ! Mais une mine d'or !

*(Dévoilant l'objet.)*

C'est une petite pyramide qui a été réduite à l'échelle humaine, comme on réduisait jadis les têtes... Cette petite pyramide a été érigée il y a des milliards d'années, à une époque inimaginable par on ne sait qui...

Elle était aussi grande que les autres, celles que l'on peut encore admirer en Égypte...

Et puis les pluies, les vents, les tempêtes de sable l'ont érodée, momifiée, réduite, comme plus tard les Jivaros réduiront les têtes de leurs congénères.

Revenons à ma pyramide !

En désensablant cet objet et en le portant à mon oreille, j'ai entendu comme des battements de cœur, ce qui laisse supposer que cet objet inanimé a, sinon une âme, un cœur !

Je subodorais que ces battements étaient le tic-tac d'une pendule...

Intrigué, voulant connaître l'origine de ce bruit, j'entrepris de rechercher un balancier.

Ô stupeur ! Il y avait bien un balancier mais, à l'inverse d'une pendule, c'est le haut qui balançait...

Le nom qu'il porte, c'est moi qui l'ai imaginé.

Tout d'abord, je l'avais nommé « métro » et puis, pour qu'on ne le confonde pas avec un moyen de transport, je me suis décidé pour « métronome ».

D'aucuns m'ont dit que j'avais dépassé la mesure !

## DÉSESPOIR

Quand je ne suis pas joyeux, de vivre ou d'amuser, je suis désespéré.

*

Dans les moments de stress, il faut que je sorte de moi-même.

Alors, je lis mes textes en allemand. Et là, j'oublie tout.

Essayez de dire : « *Ich liebe dich !* »

Cela vous absorbe tellement que vous ne pensez à rien d'autre.

## DESSOUS

Sous une chevelure, il y a un chauve.

Sous un chauve, il y a un crâne.

Et sous un crâne, il y a une tempête.

*

La dame de petite vertu :

– Viens que je te montre mon trente-sixième dessous !

*

À l'intérieur de chaque tête de vivant, il y a une tête de mort.

## DEVISE

Ma devise, c'était : « Fais face ! »

Et j'ai du mérite... parce que je suis d'une lâcheté ! C'est dans ma nature...

Mais un jour, je me suis trouvé aux prises avec quelqu'un qui avait la même devise.

Ce fut le heurt. Ce n'était pas beau à voir !

Je me suis dit : « On ne peut pas être deux à avoir la même devise. »

Il faut que l'un des deux cède !

J'ai laissé à l'autre « Fais face ! ».

Et j'ai pris sur-le-champ « Tire-toi ! ».

Et je m'en suis fort bien porté !

## DICTON

À beau mentir qui revient de loin.

– D'où venez-vous ?

– Je reviens de loin.

\*

Pourquoi dit-on : « Allez vous faire voir », et ne dit-on jamais : « Allez vous faire entendre » ?

\*

Pourquoi dit-on : « De l'audace, encore de l'audace, toujours de l'audace », alors que « Dans le doute, abstiens-toi » ?

\*

Quand on dit : « Bonnet blanc et blanc bonnet »,
on se répète !

Pour peu qu'on en rajoute, on radote !

*

Pourquoi dit-on : « La raison du plus fort est tou-
jours la meilleure », alors que « On a souvent besoin
d'un plus petit que soi » ?

*

Ventre affamé n'a pas d'oreille.
Un ventre repu entend tout !

*

Après avoir tourné sept fois sa langue dans sa
bouche, il mourut étouffé.

## Dieu

Dieu, c'est une idée fixe !

*

Moi, je sais en quelle estime je le porte.
Mais j'aimerais savoir en quelle estime il me tient,
lui !

*

L'artiste fréquente Dieu et côtoie le Diable.

*

Qui ne croit pas en Dieu, en fait ?

Même le plus agnostique des agnostiques... il lui suffit d'un grand malheur et d'un petit appel !

*

Quand Dieu s'efface, c'est le Diable qui prend sa place.

*

On m'a demandé de faire du cinéma.
– C'est pour incarner Dieu.
– Combien de jours de tournage ?
– Un seul ! Vous ne faites qu'une apparition !

*

Dieu et Dieu font trois.

*

Dieu, comme tous les grands seigneurs, n'aime pas que l'on se mette à genoux devant lui.

D'où certaines déceptions pour ceux qui l'implorent.

*

Je suis une miette de Dieu.

*

Je ne sais pas qui il faut admirer le plus (le mot est faible).

Dieu qui est ressuscité ou le Diable qui n'est jamais mort ?

\*

Dieu, on ne l'a jamais vu !

Parce qu'on ne l'a jamais vu, il y a de fortes chances qu'il existe !

Si par une impossible circonstance, on voyait Dieu, peut-être que l'on n'y croirait plus !

\*

Le matin, lorsque j'éprouve quelques difficultés à me lever, je m'adresse à Dieu.

– Seigneur, je ne peux pas me lever... Aidez-moi !... M'entendez-vous ?

Voix du Seigneur :

– Oui, Devos !

– Appelez-moi Lazare !

– Si tu veux ! Lazare, lève-toi et marche !

À chaque fois, miracle, je me lève et je marche.

\*

Il y a bon nombre de croyants qui diraient :

– Je n'y crois plus !

Parce que les gens ont tendance à ne pas croire à ce qu'ils voient !

C'est intéressant ce que je viens de dire...
Je ne suis pas sûr d'extravaguer...

*

Si Dieu existe, pourquoi ne le dit-il pas ?
Peut-être qu'il ne le sait pas lui-même !

*

Il faut que Dieu soit Dieu pour se prendre pour Dieu !

*

Mon épaisseur animale étouffe ma profondeur divine.

*

Si j'étais Dieu, je referais ce que Dieu a fait.
Si j'étais Diable, je détruirais ce que Dieu a fait.
Mais comme je ne suis ni Dieu ni Diable, j'essaie de déformer légèrement ce que Dieu a fait afin de le rendre méconnaissable aux yeux du Diable...
– Et Dieu vous laisse faire ?
– Oui ! Du moment que je ne copie pas !

*

Longtemps, j'ai tiré le Diable par la queue et il m'en est resté quelques poils dans la main.

*

Il y a des gens qui affirment que sans Dieu l'homme n'est que néant.

Ce n'est pas charitable pour ceux qui ne croient pas.

## DISTRACTION

Il m'arrive parfois d'avoir de petites distractions...

Nous nous promenions ma femme et moi dans la rue... Je la suivais et... je pensais à elle... et puis brusquement, j'ai pensé à autre chose... Et je me suis mis à suivre une femme que je ne connaissais pas...

Quand elle s'est retournée... j'ai compris mon erreur.

Je suis revenu sur mes pas... et j'ai ré-emboîté ceux de ma femme.

C'est alors que je me suis aperçu qu'elle suivait un autre homme !...

J'ai continué de la suivre jusqu'au moment où j'ai pensé que cela nous mènerait trop loin...

Je lui ai touché l'épaule en lui disant :

– Je suis là !

Elle s'est retournée, surprise... Elle m'a dit :

– Tiens ! Je te croyais devant !

Alors, on est rentrés en se tenant solidement par le bras... pour ne plus se perdre...

Ce sont des petites distractions !...

## DOUANE

On vient d'appréhender à la frontière italienne un jeune religieux qui cumulait les fonctions de prêtre en France et de suisse en Belgique...

Il essayait de passer en fraude ses convictions religieuses...

Grande fut la stupeur des douaniers de découvrir, dissimulée sous les paupières du jeune fraudeur, une lumière intense !

Pour avoir omis de déclarer sa foi, le jeune novice dut faire amende honorable.

## DROITS DE L'HOMME

Il a cédé ses droits de l'homme à un type qui n'avait aucun droit !

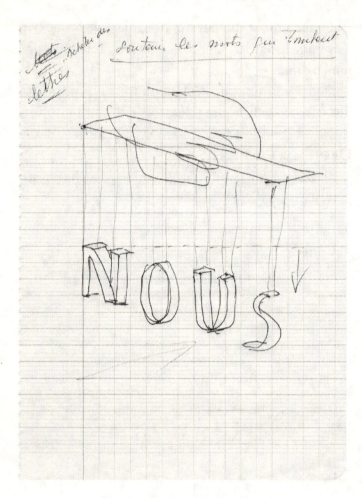

Soutenir les mots qui tombent

# E

**ÉCOUTER**

Non seulement je n'écoute pas ce que disent les autres, mais je n'écoute même pas ce que je dis !

Pourtant, je devrais !

Cela m'éviterait de dire pas mal de sottises !

**ÉCRITURE**

La solitude devant la page blanche, c'est l'impossibilité dans laquelle on est de faire jouer son esprit.

On reste tout seul avec sa raison. C'est effrayant.

*

Peut-être suis-je doué aux yeux des autres ? Je le souhaite.

Mais je vous jure que lorsque j'évalue la somme de travail que nécessite un spectacle, le mot « don » passe tout de suite au second plan !

*

Quand j'invente un texte, je suis le premier à en rire. Quel égoïsme !

Il y a des textes que je couche sur le papier en un tour de main.

D'autres qui me tourmentent pendant des mois...

Ce qu'il faut, dès que l'idée arrive, c'est l'écrire tout de suite, l'emprisonner sur la page blanche. C'est comme de la musique. Il faut l'inventer et puis l'enfermer à double tour avec une clé de sol.


## ÉCRIVAIN

Je ne suis pas un écrivain.

Je suis un comédien qui écrit.

*

L'écrivain français :

– Attendez-vous pour me lire que je sois traduit en français ?

*

La page blanche, c'est la toile de fond.

L'écrivain, devant sa page blanche, est comme le peintre devant sa toile vierge.

Le porte-plume, c'est le pinceau...

À la différence que, lorsque l'écrivain pense « bleu », il écrit le mot.

## ÉLOGE DES DÉFAUTS

L'art de trousser des compliments avec des choses désagréables.

*

Son ignorance totale lui donne une grande liberté d'esprit.

Ne comprenant rien, il adore s'ennuyer. C'est sa seule distraction.

En dehors de cela, il travaille comme tout le monde, c'est-à-dire pas plus !

*

Il se déteste et, comme il n'aime pas mieux son prochain que lui-même, il n'a pas – cela va de soi – une très haute opinion de l'humanité.

Il a pour les autres un mépris qui frise le respect.

*

Il n'est pas méchant par plaisir, il l'est foncièrement...

Et comme il n'est pas moins bête que méchant, sa bêtise atteint par moments de telles cimes qu'elle en devient grandiose.

*

Il est supérieurement idiot.

*

Il assume sa lâcheté avec un rare courage.

*

Il est d'une indicible exemplarité et d'une modestie dont il peut se vanter.

*

Il a le mérite de n'en pas avoir auquel on peut ajouter celui de le savoir.

*

Quand tu découvres des qualités chez quelqu'un qui a des défauts, tu finis par l'aimer pour ses défauts.

**EN DEÇÀ**

Ne croyez pas que je me satisfasse de rester en deçà !

En deçà, je respire mal, je mange mal, je dors mal.

Alors que lorsque je suis au-delà, je ne mange plus, je ne dors plus, je ne respire plus.

C'est formidable !

**ENFER**

– Êtes-vous satisfait, mon Dieu ?

– Oui ! J'ai créé le ciel, la terre, les...

– Aucun regret ?

– Si ! Celui de n'avoir pas pu supprimer l'enfer. Je ne me le pardonnerai jamais !

*

– Vous n'êtes pas croyant ?
– Non !
– Dieu merci ! Vous iriez à coup sûr en enfer !

*

Comment distinguer un croyant d'un athée ?
Envoyez-les tous les deux au diable !
Le croyant y va !

*

Le soleil, c'est le feu qui produit la lumière, alors qu'à propos de l'enfer, on peut parler de feu... jamais de lumière !

*

Le jour du jugement suprême venait de se lever, la dernière heure de sonner...

Elle, celle qui avait été la compagne des bons et des mauvais jours, de nos belles heures et de nos malheurs, elle qui avait mené une vie exemplaire, un parcours sans faute...

Elle... ah oui... elle le méritait, son vert paradis !

Tandis que moi, pauvre de moi, j'étais bon pour l'enfer rouge !

J'avais déjà pris place dans ce convoi de damnés qui montait vers le front de l'enfer... alors que mes pensées étaient tournées vers la bien-aimée...

Soudain, je la vis qui marchait à mes côtés...

Elle avait préféré mon ciel noir à son ciel bleu !

ENFOIRÉ

Il faudrait tenir compte du sens des mots que l'on prononce. Exemple.

Un type dans sa voiture roule sur une flaque d'eau et m'éclabousse. Je lui crie :

– Tu ne peux pas faire attention, hé, enfoiré !

C'est la première fois que j'employais le mot. Enfoiré !

Le conducteur s'arrête. Il sort de sa voiture...

– Tu m'as bien traité d'enfoiré ?

– Oui, monsieur !

– Enfoiré... dans quel sens... celui du dictionnaire, à savoir couvert d'excréments... ou dans le sens coluchien, enfoiré amical ?

– Dans le sens amical...

– Ah bon !

– Mais... c'est bien parce que c'est vous !

Il remonte dans sa voiture. Je lui crie :

– Salut enfoiré !

Il me répond :

– Salut petit merdeux !

*

90

Comme je suis un ancien, un type de la précédente génération, je me dois de dire que, sur le plan comique, de mon temps, c'était mieux !

Exemple : de mon temps, on évitait certains mots.

Quand je pense que j'ai fait toute une carrière sans jamais les employer, j'ai du mérite !

Las ! Maintenant que je voudrais en user, ils sont usés !

On en est à « enfoiré » !

Le mot « enfoiré », pour un comique, c'est du gâteau !

De mon temps, on aurait dit : « Salut les enfoirés ! », on prenait des tomates !

On n'avait aucune éducation à l'époque !

De nos jours, vous dites : « Salut les enfoirés ! », on vous envoie des cadeaux, des fleurs !

Moi, malgré mon grand âge, un jour, pour être à la page, j'ai lancé :

– Salut les enfoirés !

Ah dis donc ! Le lendemain, j'ai reçu des cadeaux...

– Merci d'avoir parlé de moi en ces termes...

Les sondages, en hausse !

Un jour, j'ai parlé de fesses.

On a dit :

– Enfin, il s'adapte ! Il commence à en tenir compte, l'ancien !

– Il condescend à être à la hauteur. Il s'élève au-dessous de la ceinture.

– Il ne regarde plus le bas du dos les yeux baissés !

Aujourd'hui, on a tout libéré : les seins, les fesses, les sexes... Tout cela à l'air libre !

Si tu viens les voir, je les montre ! Ce n'est pas beau, ça ?

De mon temps, on cachait tout hypocritement.

Comme je suis un vieux de la vieille, je dis que c'était mieux. Mais je ne le pense pas du tout !

## ENNUI
– Vous avez un champ d'ennui.
– Il y a des gens qui cultivent l'ennui ?
– Oui ! Ceux qui n'ont rien d'autre à faire !

## ÉPITAPHES
Il avait toujours raison.
On le pensait increvable.
Il nous a prouvé que non.
Il avait toujours raison.

\*

J'ai longtemps caché ma pauvreté.
Puis j'ai caché ma richesse.
Aujourd'hui, je n'ai plus rien à cacher.

\*

Ô vous qui venez vous recueillir sur ma tombe, qui que vous soyez, soyez gentils : si vous voyez des

mouches tourner autour de ma pierre tombale, chassez-
les sans ménagement !

J'ai horreur des mouches !

\*

Et vous qui m'avez tellement *emmerdé* de mon
vivant, ne venez pas me faire *chier* après ma mort !

ÉPOQUE

Nous vivons dans une époque épique.

Alors, celui qui n'a pas l'esprit d'équipe ne
comprendra rien à l'époque !

Il n'a pas le ton épique.

Exemple : l'épopée du pop.

J'ai connu le pape du pop, avec ses cheveux hérissés
comme un porc-épic.

Un jour, je lui ai dit :

– Pape ! Ton pop n'est pas épique !

Ce n'est même pas une époque, c'est tout juste
une épopée !

ÉROTISME

Il y a des phrases érotiques. Exemple : « La renon-
cule est bisexuée. »

**ESCARGOT**

Je suis bouleversé...

En traversant la Bourgogne, j'ai écrasé un malheureux escargot.

Je ne l'avais pas vu venir.

Moi, je marchais assez vite.

Quand je l'ai aperçu, j'ai levé le pied... mais il était trop tard !

Il est mort sur le coup ! Terrassé ! Dans les fines herbes !

Aussi... pourquoi a-t-il traversé la route comme un fou ?

Ventre à terre ! Sans regarder !


**ESPOIR**

– Qu'est-ce que vous faites en ce moment ?

– Je prépare le futur. Je mets de côté quelques déclarations pour la presse. Je rédige des réponses éventuelles à quelques questions que l'on pourrait me poser. J'imagine des interviews auxquelles j'aurais à faire face au cas où les choses se mettraient à bien marcher. Bref, je ne désespère pas !


**ESPRIT**

Il est malséant d'avoir les idées larges pour qui a l'esprit étroit !

*

L'esprit « sans limite » dans un corps « limité ».
L'infini séquestré dans du fini !

*

Je ne me suffis plus à moi-même.
Il faut que je (me) trouve quelqu'un d'autre !

*

La seule chose que le voleur n'ait pas volée, c'est la raclée qu'il a prise.

*

Un trait d'esprit annonce toujours la mort d'une idée.

*

Esprit d'escalier.
Mesdames et messieurs, tout ce que j'avais à vous dire... je me le suis déjà dit en gravissant les marches de l'escalier qui m'a conduit jusqu'ici...
Et j'ai horreur de me répéter.
Comme c'était l'essentiel, il ne me reste à vous dire que des banalités, des phrases conventionnelles...

*

Dis-moi qui tuer, je te dirai qui tu es.

*

Le spirituel est à mon sens une émanation de la matière.

Séparer le spirituel de la matière est (toujours à mon sens) une hérésie.

## ÉTAT

L'État, qui est-ce ? L'État, c'est un tas de gens. L'État n'a pas de visage.

Quand on vous dit :

– L'État est responsable !

– Qui est-ce ?

Louis XIV avait le courage de dire :

– L'État, c'est moi !

Et pourtant, c'était un roi.

À notre époque, qui représente l'État ? Un tas de gens !

Je n'ose pas dire n'importe qui !

On me dit :

– C'est le président de la République qui représente l'État.

Moi, je veux bien. Mais alors, qu'il se présente avec sa sacoche et sa casquette et qu'il vienne encaisser mes redevances !

Je le verrais arriver à tout bout de champ ! Pour un oui, pour un non, la facture !

Je le payerais directement. Je lui dirais :

– Vous voulez prendre quelque chose ?

Il me dirait :

– Non, non ! J'ai déjà assez pris comme ça !

– Et comment va la France ?

Alors, il me donnerait des nouvelles de son État.

On se connaîtrait mieux. Il me dirait à quoi sert l'argent que je lui donne.

Ça, c'est pour un bout d'autoroute...

Ça, c'est pour le train-train quotidien...

Ça, c'est pour les réceptions...

Il me le dirait très franchement.

Il me dirait par exemple :

– Telle somme, on ne sait pas où ça va !

Je lui dirais :

– Habituellement, ce n'est pas vous qui venez ?

– Non ! En principe, j'envoie un fonctionnaire pour encaisser...

– Justement, je voudrais vous demander, monsieur le président, puisque je vous ai sous la main. On dit toujours l'État ! L'État ! Mais l'État, qui est-ce ?


ÉVIDENCE

Les évidences sont humaines.

Les absurdités sont divines.


EXPLICATIONS

Un personnage accomplit un exploit physique. On lui dit :

– Vous vous rendez compte de ce que vous faites ?

– Oui ?

On lui explique alors qu'il défie les lois de la pesanteur, que son centre de gravité, etc.

– Refaites-le, lui dit-on après !

Il n'arrive plus à l'exécuter, ne pensant qu'aux implications de la prouesse.

**EXPRESSIONS**

Ce cul-de-jatte ne s'est jamais laissé marcher sur les pieds !

*

Ce n'est pas tombé dans l'œil d'un aveugle !

*

Il paraît que son bras droit a passé l'arme à gauche !

*

Il appelle sa tirelire ce « cochon de payant ».

*

Moi qui prends toujours l'escalier, je me sens obligé de renvoyer l'ascenseur.

*

Si vous êtes né coiffé, ne portez pas de chapeau, cela ferait double emploi !

*

À force de tirer un trait sur chaque faute passée, il en avait gardé les traits tirés.

*

– Je me suis fourré le doigt dans l'œil. J'ai mal...
– À l'œil ?
– Non ! Au doigt !

*

De l'eau dans son vin.

Elle a toujours prétendu mettre de l'eau dans son vin !

Or, je viens d'apprendre qu'elle ne buvait pas de vin !

Alors, question :

– L'eau, qu'en a-t-elle fait ?

EXTRA-MUROS

*(Œuvre dramatique de Raymond Devos dont le titre lui a été disputé.)*

Ils ont traduit mon œuvre en correctionnelle !

De l'eau dans son vin

Elle a toujours prétendu mettre de l'eau dans son vin !
Or...
Je viens d'apprendre qu'elle ne (buvait) (boit) pas de vin.
Alors, question :
« Où (est) pass(é)e l'eau ? »
Ou :
« L'eau, qu'en a-t-elle fait ? »

# F

**FABLE**

Je continue à penser que la plus belle phrase du monde est : « Il était une fois... »

\*

« Rendez-moi mes chandelles et mes sabots et reprenez vos cent écus ! »

Pour moi, les petites histoires que j'invente, ce sont des sabots comme ceux du sabotier de la fable.

\*

– Dites-moi, monsieur, puis-je vous poser quelques questions ?

– Si ce n'est pas de caractère grivois...

– Non ! Au contraire, elles sont d'ordre moral...

– Allez-y... posez !

– Êtes-vous persuadé ou non que « l'on a toujours besoin d'un plus petit que soi » ?

– On le dit !

– Mais le pensez-vous ?

– Cela dépend de la taille de celui qui éprouve le besoin. S'il est plus petit lui-même, il peut éprouver le besoin d'avoir à côté de lui un encore plus petit que lui ! S'il est plus grand, un plus fort que lui à ses côtés peut le faire paraître encore plus grand...

– Deuxième question : croyez-vous que « Tel qui rit vendredi dimanche pleurera » est une fatalité ?

– *A priori* et sans étude approfondie, ma réponse est : pas forcément !

– Pourquoi ? Pouvez-vous développer votre pensée ?

– Ce n'est pas parce que tel ou untel a entendu quelque chose d'irrésistible un vendredi que trois jours après, il apprendra fatalement une histoire bête à pleurer ! Ce n'est pas parce que tel ou untel aura éclaté de rire un vendredi que trois jours plus tard, fatalement, il s'effondrera en larmes ! Ces explications vous conviennent-elles ?

– Non ! Elles me prouvent simplement que vous n'avez pas lu les *Fables* de La Fontaine.

*

Cher monsieur de La Fontaine,
Vous êtes un vieux renard.
Signé : le corbeau.

## FAIRE SON DEUIL

Qu'est-ce que j'ai pu mal placer mon argent !

Dès que j'ai su que j'étais mortel... j'ai pensé à mon avenir.

Avec l'argent que j'avais économisé pour mes vieux jours, j'ai acheté un bout de terrain dans un cimetière bien situé... vue imprenable, repos assuré...

J'y ai fait construire un de ces petits caveaux de famille... de derrière les fagots...

Je ne vous dis que ça ! Du dernier cri !

Eh bien... je n'y suis jamais allé...

Il paraît qu'il tombe en ruines.

Il paraît même que le cimetière, on le laisse mourir ! C'est un comble !

Moi vivant, je n'y mettrai jamais les pieds !

Quant à l'argent investi, il y a longtemps que j'en ai fait mon deuil !

## FAITES COMME CHEZ VOUS

Le patron (au client qui vient d'entrer avec son chien) :

– Faites comme chez vous !

Le client s'assied, commande quelque chose.

Le chien en profite pour faire ses besoins.

Le patron, furieux, engueule le client qui lui répond :

– Ben, quoi ? Vous avez dit : « *Faites* comme chez vous ! »

## FAITS DIVERS

Alors qu'accompagné de sa femme, il chassait en forêt, un chasseur a reçu un coup de fusil tiré dans le cou. Tué sur le coup !

Quelque temps plus tard, sa veuve éplorée, déplorant son absence, fait tourner la table et l'interroge :

– Chéri, est-ce que tu crois que c'est moi qui ai tiré ? Réponds : un coup pour oui...

Pan !

Elle est morte sur le coup !

*

J'ai un voisin, c'est un CRS.

Il me dit :

– Que faisiez-vous pendant les fêtes ?

– Les fêtes ?...

Moi, je cherchais... Il parlait des émeutes !

## FAMILLE

Il a l'esprit de famille.

Le drame, c'est que sa famille n'a pas d'esprit.

*

Nous sommes trois frères et une sœur.

Eh bien, monsieur, chacun des trois frères a une sœur, alors que ma sœur, elle, n'en a pas (de sœur).

Vous comprenez ? Hein ?

Par contre, ma sœur, elle, a trois frères, alors que chacun de ses frères n'en a que deux !

Comprenez-vous ? Hein ?

Vous ne trouvez pas cela anormal, monsieur, qu'il y ait de tels écarts dans une même famille ?

Et pourtant, nous sommes une famille unie, monsieur !

## Maman

Quand ma mère est venue me voir la première fois en spectacle, elle était atterrée !

Elle m'a dit :

– Oh, tous ces gens qui rient de toi !

Elle avait très peur qu'on se moque de son enfant.

## Mon oncle

Comme dans toutes les familles nombreuses – bretonnes de surcroît, du côté de ma mère –, il y avait un prêtre. Il était missionnaire et il avait été lapidé par les Chinois. Quand j'étais gosse, il était à Saint-Sulpice, et c'est moi qui suis allé faire son déménagement. Parce qu'on l'avait viré à la Trappe. « À la Trappe ! » Comme dans le père Ubu... « À la Trappe ! » Il y avait eu des scandales. Pauvre tonton ! C'est qu'il était naïf : quand une femme devenait veuve, il lui proposait de la consoler. Et puis, il avait des trous de mémoire. Dans les combles de Saint-Sulpice, il avait planté des marrons. Les marronniers, en prenant de l'ampleur, faisaient péter les vitraux. Et puis, comme il était très musicien, pendant l'office, il jouait du violoncelle : « Bonsoir, madame la Lune ! » Alors un prêtre envoyait un enfant de chœur faire taire l'abbé Martin. Qui reprenait sur sa flûte : « Bonsoir, madame la Lune ! » Vous voyez, je ne suis pas le seul fou de la famille. Ah, cet oncle, je l'adorais !

## Mon frère

Lorsque le matin, je fais du café et que je lui en offre, il pourrait me dire :

– Ah, c'est gentil !

Non ! Lui, il consent à en boire une tasse, l'air de dire :

– Puisque tu n'en veux plus !

Ou pire :

– Si cela peut t'aider à le finir !

## Mon fils

On commence par être le fils de quelqu'un.

Et puis on devient le père d'un autre !

*

Je vois mon fils ; il faisait ça...

*(Il oscille de la tête.)*

– Tu n'es tout de même pas idiot. Pourquoi fais-tu ça ?

– Je regarde une mouche voler.

– Tu peux la regarder en fermant la bouche.

– Oui, mais je ne la vois plus !

– C'est parce que tu fermes les yeux !

– Non ! C'est parce que je l'ai avalée.

*

J'ai un fils... Il veut faire le même métier que moi.

Je dois dire que j'en suis heureux. Je n'ai pas cherché à l'influencer.

Il a pris sa décision tout seul. Il veut faire le comique et il est doué.

*Ce n'est pas parce que c'est mon fils mais... il est déjà rigolo !*

C'est bien simple. Il me fait rire. Plus que moi... et parfois avec mes propres histoires !

Pourtant, je les connais !

Eh bien, dites par lui, je ne les reconnais plus et je les trouve drôles !

Un soir, il rentre de l'école tout en pleurs.

– Que t'arrive-t-il ?

– J'ai raconté une histoire amusante à mes petits camarades et ils n'ont pas ri !

– Cela arrive. Qu'est-ce que tu veux... il ne faut pas te décourager pour cela !

Et j'ajoute :

– Peut-être que ton histoire n'était pas drôle ?

– C'était une des tiennes...

*Ce n'est pas parce que c'est mon fils... mais il est franc !*

Je lui dis :

– Tu l'as bien racontée, au moins ?

– Je l'ai dite comme toi !

– Alors, c'est bien !

– Oui, mais j'ai eu honte.

– Tu n'as pas à avoir honte de faire rire !

– Non, mais j'ai honte pour toi !

Il avait honte pour son père... Ce n'est pas beau, ça ?

*Ce n'est pas parce que c'est mon fils mais... il a l'esprit de famille.*

Il me dit :

– De plus, je me suis fait taper sur les doigts !

– Non ?

– Mon professeur m'a dit : « Vous faites des calembours, des jeux de mots. Vous jouez sur les mots. C'est de l'esprit facile ! »

– Tu lui as dit que c'était dans l'intention de divertir ?

– Oui ! Il m'a répondu : « Rien que pour l'intention, vous me ferez cent lignes ! » Et j'ai copié : « A cherché à faire rire ses petits camarades... » cent fois. À la centième, j'en pleurais ! Mais j'avais toujours plus envie de faire rire mes petits camarades...

*Ce n'est pas parce que c'est mon fils mais... il a du courage !*

Comme il pleurait toujours, pour le consoler, je lui ai dit :

– Écoute ! Je vais te raconter une histoire désopilante !

Je la lui raconte. Il riait ! Il riait !

*Ce n'est pas parce que c'est mon fils mais... il est bon public !*

Je lui ai dit :

– Si tu veux, tu pourras la raconter à tes petits camarades. Et même devant ton professeur. S'ils ne rient pas, c'est parce que ce sont des imbéciles !

Il me dit :

– Ils ne riront pas.

– Et pourquoi ?

– Parce qu'ils la connaissent déjà. C'est celle que je leur ai racontée !!

Je lui dis :

– Alors pourquoi as-tu ri, toi ?

Il me dit :

– Pour te faire plaisir !

*Ce n'est pas parce que c'est mon fils mais... il a du cœur !*

\*

Le père dit à son fils :

– Va dire à monsieur Untel que c'est une vieille noix !

Le fils va voir monsieur Untel et lui dit :

– Vous êtes une vieille noix !

Et monsieur Untel lui répond :

– Petit mal élevé !... Je vais le dire à ton père !

**FEMME**

Il y a un bon nombre de femmes qui m'ont dit que j'étais l'homme de leur vie et qui ont vécu avec d'autres hommes.

*

Parfois, l'on me dit :
– Vous ne parlez jamais de femmes !
– Parlons de l'une d'entre elles !
Elle n'était pas curieuse. Quand on lui posait la question :
– D'où venez-vous ?
– Je n'en sais rien.
– Qui êtes-vous ?
– Je n'en sais rien.
– Où allez-vous ?
– Je n'en ai pas la moindre idée et cela m'est égal !

*

Un jour, je conversais avec ce qu'on appelle un homme à femmes.

Et tandis que je lui parlais de la mienne, il regardait toutes les femmes qui passaient à proximité. Son regard allait d'une femme à l'autre, en s'attardant avec insistance sur chacune.

C'est tout juste s'il ne les déshabillait pas !

Naturellement, il n'écoutait pas ce que je disais.

De temps en temps, il faisait :

– Hein ? Ah oui !

Il croyait que toutes les femmes le regardaient alors qu'elles ne voyaient que moi !

*

Une femme qui vous aime pour vous-même finit par coûter très cher.

*

Lapsus.

Entendu dire à quelqu'un qui avait perdu sa femme :

– Alors, quoi de veuf ?

*

Cette femme-là, chaque fois qu'elle veut prendre le temps de se faire une beauté, elle s'y prend trop tard !

*

Cette femme avait un mari tellement fainéant que quand elle lui demandait de lui faire un enfant, il répondait :

– Fais-le toi-même !

*

Logique féminine.

Lui : Où as-tu mis telle chose ?

Elle : Je te l'ai donnée !

Lui : Mais non !

Elle : Mais si ! *(Cherchant)* Je t'assure ! Je me vois en train de te la remettre.

Lui : Tu ne me l'as pas donnée !

Elle : Mais si !... *(La trouvant et la remettant à lui)* C'est bien ce que je te disais ! Je te l'ai donnée mais tu ne l'as pas prise !

*

Si celle que vous aimez a de la moustache et que vous êtes pour l'égalité des sexes, laissez pousser la vôtre !

*

Lorsqu'une femme vous dit : « Ne me regardez pas, je suis nue ! », c'est parce que vous ne la regardez pas !

*

Quand l'homme de bronze battait sa femme, rendait-elle un son de cloche ?

*

– Vous êtes un homme intelligent...

– Chut ! Chut ! N'allez pas raconter cela à ma femme !

– Pourquoi ?

– Elle croit que je suis un imbécile... Elle serait déçue... !

*

Je suis faible de la chair. C'est le défaut de ma cuirasse.

Dès que je vois un jupon, mon esprit voltige...

L'esprit est fort mais la chair est faible.

*

Je rencontre un ami. Il était perplexe.

– Récemment, me confia-t-il, devant des amis, j'ai dit, en parlant de ma femme : « Quelle femme admirable ! » Je suis en train de me demander à propos de quoi j'ai bien pu prononcer cette phrase. Non pas qu'elle ne soit pas admirable, mais pour que j'en arrive à le clamer, il a dû se passer quelque chose d'anormal !

*

Aimer, c'est s'ingérer dans les affaires d'autrui.

## Ma femme

Avec ma femme, quelquefois, je suis chez moi.

Quelquefois, je suis chez elle.

Quand nous sommes tous les deux à la maison, nous sommes chez nous.

Quand elle sort, je suis chez moi !

*

Lorsque je dis à ma femme que je me rends à une surprise-partie, elle n'est qu'en partie surprise !

*

J'ai eu le malheur de dire à ma femme qu'elle avait bonne mine.

Ah, malheureux, je me suis fait incendier ! Elle s'est écriée :

– C'est là où tout le monde se trompe ! J'ai un physique qui ne traduit pas la souffrance que j'éprouve ! Alors, personne ne me plaint ! C'est injuste ! Je n'ai pas la pitié que je mérite !

*

J'apprends que ma femme me trompe. Jc vais pour lui annoncer la nouvelle.

Elle me dit :

– Mais non !

– Mais si !

– Qui est-ce qui t'a dit ça ?

– Quelqu'un digne de foi !

– Tu me le jures ?

– Je te le jure !

Alors, elle me dit :

– Alors, je te crois !

*

114

Ma femme et moi, nous n'avons pas la même façon de concevoir les enfants.

*

Quelquefois, on me fait des compliments sur ma femme...
– Votre femme, elle est épatante !
*(Chanté : « Qu'elle est épatante, cette petit' femme-là ! »)*
Ma femme, elle n'est pas mieux qu'une autre !
Je vois ma voisine... On dit :
– Elle est insupportable !
Pas plus que ma femme !

*

Quand Rockefeller a demandé à sa bonne de devenir sa femme, elle a dit oui.
Quand j'ai demandé à ma femme de devenir ma bonne, elle a dit non.

*

Quand je parle à ma femme, je l'écoute !

*

Ces objets ? On ne peut pas dire qu'elle les ait perdus.

Elle les a rangés, définitivement rangés !

À jamais rangés !

Éternellement rangés.

Mais... perdus ? Certes pas !

D'ailleurs, elle ne peut pas les avoir perdus, puisqu'elle ne perd jamais rien !

\*

Ma femme n'écoute pas ce que je dis.

Elle voulait se marier. Je le lui ai déconseillé :

– Ne te marie pas ! Tu vas être malheureuse !

Pensez-vous ! Elle n'a pas voulu m'écouter !

Et maintenant, elle ne le dit pas mais je sais qu'elle le regrette !

\*

Ma femme est une sainte.

Il faut toujours la prier... pour obtenir ses grâces.

\*

Le drame avec ma femme, c'est que lorsqu'elle est de mauvaise foi, elle croit que c'est la bonne !

\*

Je déteste que ma femme me dise à propos de tout ce qui m'arrive :

– Je te l'avais bien dit !

Ce qui équivaut à :

– Je te l'avais prédit !

J'ai eu un accident :

– Je te l'avais bien dit !

\*

Ma femme croit que l'on ne peut chanter que lorsqu'on est saoul.

\*

Je vous parlerais bien d'une certaine femme mais comme c'est *ma* femme, je ne peux pas vous en parler.

En tant que femme, elle a toutes les qualités.

Mais en tant que *ma* femme, elle n'est pas supportable !

En tant que femme, je ne peux qu'en dire du bien.

Mais en tant que *ma* femme, il y a beaucoup à redire...

Elle est bourrée de défauts.

Chaque fois que ma femme est femme, je ne la reconnais plus.

Elle a exactement le charme de la femme d'un autre.

Dans ces moments-là, elle me plaît mais ce n'est pas *ma* femme !

C'est pour cela que lorsqu'elle me dit :

– Pourquoi ne me fais-tu jamais de compliments ?

– Parce que tu es ma femme ! Si tu consentais à ne plus l'être, quel éloge ne ferais-je pas de toi !

Mais elle ne veut rien savoir. Elle préfère rester *ma* femme et se faire engueuler que d'être une femme adulée !

*

Comme je répondais à ma femme qui m'engueulait parce que, comme elle était aphone, je ne comprenais pas ce qu'elle disait :

– Quand on a une extinction de voix, on se tait !

## FIN DU MONDE

– Parlez-moi de la fin du monde !

– Écoutez, je ne peux pas vous en parler. Je n'étais pas au commencement !

## FLEURS

La fleur en papier ne se fane pas, mais elle se froisse !

*

– Voulez-vous une rose ?

– Donnez ! Combien ?

– Deux euros.

– Ce n'est pas donné. Voilà !... Elle n'a pas d'odeur !

– En voici une autre !

– Elle n'a pas d'odeur non plus ! Je n'en veux pas, de vos fleurs. Reprenez-les !

– Comment ? Vous me rendez mes fleurs parce qu'elles n'ont pas d'odeur ? ! Mais votre argent non plus n'a pas d'odeur... et pourtant, je le prends !

\*

Le lilas est là !
Je lis là que le lilas est là.
Je lis là... que le lilas est là... sur ce lit-là !
– Que lis-tu là ?
– Je lis là que le lilas est sur ce lit-là ! Je lis là que là, sur ce lit qui est là, est le lilas !
Je suis las de lire là que le lilas est sur ce lit-là !

\*

L'arroseur arrosé.
Quand mon jardinier arrose le pied de ses plantes, il arrose en même temps la plante de ses pieds.

## Foi
Croire aveuglément demande réflexion !

\*

Histoire d'un prêtre :
– Il était une foi... la mienne.

\*

Ultime supplique d'un mécréant :
– Mon Dieu ! Mon Dieu ! Pourquoi ne m'avez-vous pas donné la foi ?

## FOLIE

Il faut faire la part du fou comme on fait la part du feu.

Alors moi, de temps en temps, je délire... Cela me repose de mes raisonnements.

\*

Dans des JT dont je suis l'invité, on diffuse des nouvelles souvent tragiques. Et moi, je passe à la fin du journal :

– Alors, Raymond Devos, vous êtes un amuseur !

C'est d'une grande légèreté ! Mais moi, j'ai prononcé mes vœux de légèreté.

Je suis obligé de suivre ma ligne.

On ne peut pas rester insensible à certains drames, à certaines situations effroyables. À côté de ça, il faut savoir faire la part du fou. Cela n'empêche pas d'être sérieux quand il faut, mais pour l'amour du ciel, déraisonnons !

\*

Aux échecs comme dans la vie, il faut compter avec les fous.

\*

Le vrai sage ne croit guère à sa sagesse tandis que le vrai fou croit à sa folie !

\*

Le fou est devenu sage.
Il a sombré dans la raison !

\*

L'idée fixe d'un fou : bâtir sur du sable !

\*

Les gens ont de plus en plus l'esprit dérangé.
Une de mes voisines prend les grains de café pour des petites bêtes noires.
Alors, lorsqu'elle ouvre un paquet et qu'elle voit toutes ces petites bêtes noires grouiller, comme elle dit, elle vide le paquet par terre et en écrase le contenu avec ses pieds.
– Sales bêtes !
Son mari a beau lui répéter que ce sont des grains de café, elle ne veut rien entendre.
Lui, il continue d'acheter des paquets de café.
Mais à chaque fois qu'elle en ouvre un :
– Encore ces sales bêtes !
Et je te les écrase ! Et je te les réduis en poudre...
Elle en est toute moulue.
Son mari aussi qui, horrible détail, est obligé de ramasser son café tout moulu, s'il veut en boire un bon !

\*

Des fous... il y en a !

Cet été sur la plage, je vois un baigneur qui gesticulait en poussant des cris.

Pensant qu'il se noyait, je me précipite.

Savez-vous ce qu'il criait ?

Non pas :

– Au secours !

Il criait :

– *Eurêka ! Eurêka !*

Savez-vous ce qu'il avait trouvé ?

Que tout corps plongé dans un fluide éprouve de ce fait une poussée verticale de bas en haut égale au poids du fluide déplacé et appliquée au centre de gravité du fluide déplacé ou centre de poussée.

Et il a ajouté :

– Enfin, en principe !

Comme je lui faisais remarquer que la formule n'était pas nouvelle et qu'Archimède l'avait découverte avant lui, il m'a répondu :

– Pas de chance ! À côté d'Archimède, je ne fais pas le poids !


FORCES DE L'ORDRE

Quand on mène un flic en bateau, il ne faut pas s'étonner qu'il vous embarque !

\*

Ils avaient mis un arbre au pied de chaque flic pour les dissimuler.

*

J'éprouve envers la police des sentiments contradictoires.

Je l'apprécie... et je la redoute !

Je l'appelle... et je l'appréhende !

Elle m'inspire tantôt de la confiance, tantôt de la terreur !

En fait, j'éprouve pour elle une *sympathie antipathique* !

*

L'agent, à l'aveugle qui attend pour traverser la rue :

– Vous êtes aveugle, vous ? Montrez-moi votre canne ? Vous ne l'avez pas, naturellement ! C'est bon pour cette fois. Je veux bien vous aider à traverser mais, la prochaine fois, il faudra montrer patte blanche !

*

Je croise sur la route un véhicule et je vois à l'intérieur le conducteur qui faisait des gestes désordonnés.

Il faisait à peu près ceci...

Dément !

Cent mètres plus loin, je vois surgir deux gendarmes qui m'arrêtent.

– Vous rouliez très vite, hein ?

– Eh bien oui ! Parce que je viens de croiser un conducteur faisant de grands signes. Ça m'a fait peur ! Nous les sains d'esprit, vous nous arrêtez mais les cinglés, vous les laissez filer !

– Quels cinglés ?

– Je viens de croiser un fou... Il faisait des gestes désordonnés !

– Quelles sortes de gestes ?

– Ça avait tout l'air d'être obscène ! Il faisait...

– Ça n'a rien d'obscène ! Il voulait vous faire comprendre par là qu'à cent mètres derrière lui, c'est-à-dire devant vous, il y avait un képi susceptible de vous verbaliser pour excès de vitesse !

## FUITES

Nos fuites sont éperdues d'avance.

Je n'ai jamais su fuir. On ne m'a pas appris.

On n'apprend pas aux gens à fuir. On leur apprend à aller de l'avant, mais pas à fuir.

Alors, quand ils doivent le faire, ils sont désorientés, hésitants.

Ils fuient en désordre, chacun de son côté ; ça fait débandade. Ça fait exode !

Ah, nos exodes ne sont pas à montrer en exemple.

Alors que l'on pourrait fuir dignement, en rangs serrés, au coude à coude.

Des milliers de gens qui fuiraient tous ensemble dans un ordre parfait et dans la même direction, quelle force !

Ça prendrait presque l'allure d'une victoire !

### Belle pensée

J'ai été attaqué (assailli) par une belle pensée.

Je n'ai pas eu de trop de toutes mes mauvaises pensées pour repousser cette belle pensée qui m'aurait mené Dieu sait où.

# G

**GÉNÉROSITÉ**

Le véritable égoïste est celui qui, lorsqu'il parle tout seul, parle en suisse.

*

Soyons généreux !
Donnons à ceux qui manquent d'humour nos plaisanteries les plus courtes et gardons pour nous les plus longues, qui ne sont pas les meilleures !

*

Celui qui parle pour ne rien dire est moins égoïste que celui qui n'a rien à dire mais qui le garde pour lui.

*

La générosité, elle n'existe que chez les grands truands (et elle cache quelque chose) ou chez les gens pauvres (parce qu'ils n'ont rien à perdre ou à donner) !

*

127

Ce sont toujours ceux qui n'ont rien qui veulent tout partager.

La moitié de rien, vous parlez d'un cadeau !

À ce prix-là, tout le monde peut s'offrir le luxe d'être généreux !

*

Il ne recule devant aucun sacrifice consenti par les autres !

*

J'en veux beaucoup aux faux mendiants. Ils discréditent la charité.

## GENRE

Il y a des cas ou *lui*, c'est *elle*...

Exemple : « Je lui ai demandé sa main. »

*Lui*, c'est-à-dire *elle*.

Je lui ai demandé sa main, à qui ?

À *elle* !

## GENTILLESSE

Je suis trop gentil. Très vite, le bruit s'en est répandu : Devos est gentil.

Alors les gens n'arrêtent pas de sonner à ma porte.

– Dites donc, on m'a dit que vous étiez gentil.

– Oui.

– Alors, vous allez me rendre service !

## GRIMACES

Lorsque j'étais petit et que je prenais les choses au sérieux, mon père me disait :

– Cesse de faire le fou !

Comme, étonné, je le regardais avec gravité, il ajoutait :

– Et puis arrête de faire des grimaces !

Alors, je me suis mis à faire le fou et il m'a dit :

– Enfin, te voilà raisonnable !

Puis, je me suis mis à faire des grimaces et il m'a dit :

– Là, je te retrouve !

Quand j'ai compris que c'est mon père qui était fou, je me suis vu contraint de reprendre toutes les folies que j'avais faites et de les refaire sérieusement sans grimacer !

## GUERRE

Il n'y a plus guère de guerre comme naguère.

Le 1er juillet 95

Après
« L'arroseur arrosé »
Voici
L'arroseur s'arrosant

Quand mon jardinier
Arrose
Le pied de ses plantes
Il arrose
En même temps
La plante de ses pieds

(Version définitive p. 119.)

# H

**HAUTS ET BAS**

Dans la vie, il y a des « Oh ! » (admiratifs) et des « Bah ! » (méprisants).

*

Les hommes sont comme les valises : ils ont des hauts et des bas.

*

Il y a des gens, quand on voit le bas, on fait : « Oh ! », et quand on voit le haut, on fait : « Bah ! »

**HEURE**

L'athlète, ayant remonté sa montre à la force du poignet, pulvérisa le record de l'heure !

*

Il croyait que c'était lui qui prenait de l'avance...
alors que c'était sa montre qui avait pris du retard !

*

Il avait bien une idée de l'heure... mais sa montre
s'étant arrêtée, son idée resta fixe.

*

Au moment de rendre son dernier soupir, le mori-
bond se souvint qu'aujourd'hui, il y avait change-
ment d'heure.
– Une heure de plus, soupira-t-il !
Et il retint son souffle.

*

Je voulais me reposer un mois dans l'Eure et fina-
lement, je n'ai pas eu une heure à moi !

## HOMONYMES

Il mit la poêle sur le poêle, la vase dans le vase.
Il fit d'une moule un moule.
Le page tourna la page.
Il ne fit qu'un somme, en somme.
Il fit le tour de la tour.
Il était à la merci d'un merci.
Le gros œuvre de son grand œuvre était déjà fait.
Il n'y a plus guère de guerre.
La chair est chère.

Le clerc est clair.

Je suis inquiet ; je suis un quiet.

Je suis si quiet que j'en suis inquiet.

Un aperçu de ce qu'il a perçu.

Et je vis le devis.

(Ne pas confondre : en terre inconnue et en terrain connu !)

## HÔTEL

Il me dit :

– Dans le plus grand hôtel de Londres, au Savoy, j'ai mangé... avec mon bras droit.

Je lui dis :

– Eh bien, moi... dans ce même Savoy, j'ai mangé avec mes doigts !

## HUMOUR

Les valeurs mises en cause par l'humour sont les valeurs humaines universelles.

L'humour et son rire suscitent un sentiment de solidarité entre les humains, qui se disent alors :

– Nous ne sommes pas meilleurs que les autres !

En revanche, l'objet de la satire est souvent le système de valeurs d'un groupement opposé.

La satire cherche à créer dans le groupe auquel elle s'adresse le sentiment d'être meilleur que les autres.

Quand on en a besoin, on trouve toujours un trombone
quelque part... la preuve.

# I

**IDÉE**

Quand on est travaillé par une idée, on n'a plus l'idée de travailler.

*

L'homme allait et venait, le regard fixe.

Et puis, une idée lui est venue, une idée qui le dépassait.

Alors, il a fixé son regard sur l'idée et l'idée est devenue fixe.

Depuis, l'homme s'est fixé !

*

La plupart des découvertes ou des exploits ne sont que des idées que les hommes ont lancées...

Et les idées ont fait leur chemin.

*

À force de transmettre des messages à la matière inerte, on va finir par lui donner des idées !

*

L'aéronaute, au commencement de son ascension, était plein d'idées, Dieu merci !

Chaque fois que le ballon perdait de l'altitude, il lançait une idée comme ça, en l'air !

Et l'aérostat délesté reprenait de la hauteur.

Je dois dire qu'à cinq mille mètres, il n'avait plus d'idée du tout !

### IL FAUT SE SURVEILLER

Par exemple, je déguste mon potage.

Eh bien, si je n'y prends pas garde, je me surprends tout à coup à bouffer ma soupe !

Je me ressaisis aussitôt.

Il y a une différence entre se sustenter et se bourrer la cantine.

Je n'ai pas été élevé comme ça.

### ILLUSION

Quand vous me voyez me balancer, c'est une réminiscence de mon berceau.

Je regrette mon berceau.

Je n'ai jamais pu oublier ce balancement qui m'endormait.

Depuis, je me berce d'illusions.

**IMAGINAIRE**

L'imaginaire doit se libérer de la raison.

Mais si on veut en accepter les images, il ne faut pas sortir de la logique.

\*

Moi, j'ai besoin d'obscurité.

Quand on est entre quatre murs, on tente de s'en évader.

Moi, je ne m'évade bien que lorsque je suis enfermé.

C'est fabuleux les voyages en imagination !

\*

Les enfants aiment le monde de l'imaginaire.

Ils franchissent le seuil du réel et de l'irréel avec une facilité stupéfiante.

Ils passent de l'autre côté du miroir.

\*

Une fois, j'ai entraîné quelqu'un dans l'imaginaire.

Il est allé plus loin que moi, et je suis rentré tout seul !

\*

Donnez une tasse de café à monsieur, mais vide !

Il ne boit que des tasses vides ; il a une imagination débordante !

\*

Dans l'imaginaire, la nuit ne se fait pas, comme dans le réel, du jour au lendemain.

Elle se fait la veille.

*

On ne peut entraîner les gens dans l'imaginaire qu'en les installant dans une situation familière. Ce que ne savent pas faire les artistes maudits.

Ils sont souvent sublimes, géniaux, mais ils vivent tout en haut de la tour et ils oublient de construire un escalier pour qu'on puisse les rejoindre.

*

J'ai fait tellement d'allées et venues dans l'imaginaire que j'ai fini par y prendre un pied-à-terre. Cela m'évite les frais de transport. Parfois, j'y passe la nuit ou tout un week-end.

Quelquefois, je me surprends à parler tout seul.

Je me raconte des histoires.

J'invente des situations insensées qui sortent de l'ordinaire, mais pas irréalisables dans le futur !

J'y suis bien. C'est mon domaine.

*

Maintenant, on vous fait croire sous couvert d'étrangeté à n'importe quel faux merveilleux.

On n'a plus l'honnêteté de commencer par : « Il était une fois... »

*

Il ne faut pas oublier que, même dans l'imaginaire, qui sème le vent récolte la tempête !

*

L'imaginaire régi par les lois du réel, ne serait-ce pas le virtuel ?

**IMBÉCILE**

S'il fallait excepter les imbéciles, à la fin du compte, on se retrouverait tout seul, comme un imbécile !

*

J'ai toujours peur que les imbéciles me prennent pour un des leurs.

**IMITATION**

Les parodies qu'on fait de moi m'agacent.

Non pas parce qu'il s'agit de parodie, mais parce que c'est moins bon !

*

L'examinateur à l'élève :

– Qui était Danton ?

– Depardieu !

– Non ! Vous ne m'avez pas compris. Je vous parle du révolutionnaire Danton.

– Moi aussi !

– Et qui était Christophe Colomb ?

– Depardieu !

– Bon ! Une question de repêchage : qui était... Cyrano de Bergerac ?

– Depardieu !

– Et... bon ! Question subsidiaire : qui est Depardieu ?

– Patrick Sébastien.

– Parfait... Et... qui est Patrick Sébastien ?

– Un imitateur ! Et savez-vous qui il imite ?

L'examinateur :

– Bien sûr ! Danton, Christophe Colomb et Cyrano de Bergerac !

\*

Je vais à la banque... Tout à coup, j'entends ma voix... enfin, déformée, mais ma voix tout de même.

C'était mon imitateur. Il me dit :

– Comment vous trouvez-vous ?

– Pas très bien ! En ce moment, je ne sais pas ce que j'ai... Je ne me sens pas moi-même. Je ne me reconnais pas.

– Oh, me dit-il, c'est de ma faute !

– Non ! Non ! C'est moi !

– Non ! Non ! C'est moi !

Je lui dis :

– Vous voyez ; ce n'est pas tout à fait la même intonation.

Là-dessus, il y a une de mes admiratrices qui demande mon autographe à mon imitateur.

Alors là, j'ai dit :

– Bravo !

C'est vrai, ce que mon imitateur imite le mieux, c'est ma signature !

*

Il y avait un concours d'imitateurs (de sosies) de Charlot.

Pour plaisanter, Charlie Chaplin s'y est présenté.

Il a été reçu quatrième.

**IMMORTALITÉ**

Je crois à l'immortalité mais je crains fort de mourir avant de la connaître !

**IMPOSSIBLE**

Demander à un Français une mission impossible, ce n'est pas possible, puisque impossible n'est pas français !

## IMPÔTS

J'ai entendu dans la rue un monsieur qui criait :

– Enfin ! Du nouveau dans les impôts ! Cela fait des années qu'on paye de vieux impôts... qui ne correspondent plus aux exigences du moment ! Le gouvernement a eu la bonne fortune de revaloriser tout cela ! Vive le renouveau de l'impôt !

On l'a emmené tout de suite dans une maison de repos.

*

J'ai vu un homme écrasé sous le poids des impôts. Il n'était pas beau à voir.

Il était abattu à 60 %.

*

En passant devant le ministère des Finances, je me suis trouvé en pleine grève des percepteurs.

Je vous assure que lorsque vous avez deux mille percepteurs à vos trousses, qui vous talonnent, qui vous crient :

– Des sous ! Des sous !

Vous avez beau leur porter ceux qui restent dans vos poches pour retarder leur poursuite, ils arrivent tout de même à vous saisir !

**IMPRÉSARIO**

L'imprésario appelle l'artiste :

– Venez me voir, j'ai quelques affaires à vous proposer !

Effectivement, il lui a proposé... un vieux manteau bouffé aux mites, une vieille veste toute rapiécée, un pantalon...

**IMPROVISER**

Pour moi, improviser, c'est faire entrer de l'accidentel dans l'imaginaire.

**INDÉPENDANCE**

On lutte pour avoir son indépendance alors que l'on sait fort bien que l'on sera toujours dépendant de quelqu'un ou de quelque chose...

On devrait au contraire lutter pour choisir sa dépendance :

– Je veux dépendre de celui-ci plutôt que de celui-là.

– Je veux dépendre de celle-ci et pas d'une autre !

– Puis-je me mettre sous votre dépendance ?

**INFINI**

Quand la notion d'infini cessera-t-elle de dépasser les bornes ?

✳

L'abonné :

– Allô ? Allô ? Je voudrais l'infini, s'il vous plaît ? C'est urgent.

Le réceptionniste :

– Faites le zéro !

– Et puis ?

– C'est tout ! Faites le zéro jusqu'à l'infini... fini... fini...

*

Dans ce monde sans limite, l'intérieur est toujours l'extérieur de quelque chose.

## INSPIRATION

Je vis. Je ne fais que vivre. Voilà mon secret. Car vivant, j'écoute, je regarde. Et je me laisse surprendre par l'idée. Elle arrive le plus souvent à mes dépens. Je me sens alors un peu comme Archimède : « *Eurêka !* »

S'il fallait que je reste dans une baignoire pour que mes idées viennent, j'y passerais ma vie !

*

J'aime partir d'une chose banale qui vire d'elle-même vers l'insolite. Tenez, l'autre jour, dans un hôtel, j'observais un monsieur faire les cent pas tout seul dans le couloir.

Il marmonnait quelque chose dans sa barbe. Je trouvais ça un peu curieux, alors je me suis rapproché discrètement. Eh bien, il se récitait inlassablement les consignes de sécurité en cas d'incendie.

Je me suis dit : « Voilà un départ de sketch ! »

*

Quand j'ai écrit *Plaisir des sens* (les sens interdits), je pensais au camp d'où j'étais sorti en 45.

À propos de cette place d'où toutes les rues qui partent sont des sens interdits, on m'a demandé :

– Vous vous êtes inspiré de quelle place, Devos ?

– Aucune ! C'est l'univers concentrationnaire qui m'a guidé. J'entre quelque part, je veux en sortir ? On me dit :

– Non, là ! Non, là !

Je ne peux pas en sortir. Évidemment, sur une place avec des voitures, cela met de la légèreté : le personnage n'a qu'à laisser son véhicule sur place et il retrouve la liberté !

C'est un sketch comique. Mais la même idée, accentuée, devient un drame.

Et vous ne pouvez plus en rire.

### INSTRUCTION

Je me suis fait tout seul en faisant des heures supplémentaires.

*

145

C'est une malédiction de ne pas être instruit.

## INTELLIGENCE

Si on est vraiment drôle, on ne peut l'être qu'intelligemment.

La drôlerie est une forme d'intelligence.

\*

Il faut prendre les gens pour des personnes intelligentes. Il faut considérer qu'ils sont capables de comprendre et de réfléchir.

L'humour est formidable à cet égard parce qu'on demande aux gens de le comprendre et de s'en amuser.

\*

Peu avant sa mort, Brassens me téléphone et nous parlons de la Création. Il n'était pas tellement bavard, Georges, surtout au téléphone. C'est un instrument qui l'inquiétait et on le comprend.

Il me dit :

– Raymond, est-ce que tu as lu Paul Valéry ?

Je dis :

– Un peu. J'ai lu *Monsieur Teste*.

Et il me répond :

– Écoute, tu devrais le lire. Ce n'est pas que tu ne sois pas intelligent... mais quand tu l'auras lu, tu le seras un peu plus !

\*

L'accusé :

– Messieurs les jurés, vous avez eu le temps pendant tout ce procès de vous rendre compte que je suis un homme intelligent. Si j'avais commis le meurtre dont on m'accuse, jamais je ne m'y serais pris de la façon dont a été commis cet assassinat...

Le juge :

– Et comment vous y seriez-vous pris, je vous prie ?

– Je m'y serais pris de la façon suivante, etc.

À la fin, quelqu'un dans la salle :

– Bravo ! C'est exactement comme vous le décrivez que j'aurais dû le commettre. Mais je n'ai pas votre imagination et j'ai tout organisé d'une façon maladroite. Maintenant que vous avez dit comment j'aurais dû le faire, j'aurais dû me faire prendre, or c'est vous ! Si j'avais eu votre intelligence du crime, je me trouverais à votre place tandis qu'aujourd'hui, je suis libre... bêtement, je vous le concède, mais libre grâce à ma bêtise !

## INTERVIEW

Je n'aime pas trop les entretiens. Cela dit, quand on ne m'interrogera plus, peut-être que je m'interrogerai....

\*

J'étais à l'article de la mort. Un journaliste est venu me voir, ses questions m'ont ranimé.

Il tenait l'article de sa vie.

*

Une interview, c'est plus facile pour l'interviewé que pour l'intervieweur. Le secret de l'interviewé, c'est d'oublier que c'est une interview. Si on n'oublie pas que c'est une interview, on est foutu ! Parce qu'on se surveille, on s'écoute, on ne cherche à dire que des choses intelligentes. Et au bout du compte, on ne dit que des âneries. Moi, je sais que je ne dis pas que des choses intelligentes mais je laisse mon esprit fonctionner tout seul. Et si je dis des bêtises, qu'est-ce que ça peut faire ? On en dit tous ! Car derrière les bêtises, peut se cacher une petite découverte. Et on vous pardonnera les bêtises pour ne retenir que la petite découverte. D'ailleurs, les inventeurs font toujours ça : ils commencent par dire : « Je vais vous dire n'importe quoi ! » Ils se mettent d'emblée à l'abri. Puis ils commencent à délirer. Et le n'importe quoi ne mène pas toujours n'importe où ! C'est ça, l'aventure. S'aventurer, c'est aller vers quelque chose qu'on ne connaît pas. C'est fatalement dangereux, et tant mieux ! Si on s'est renseigné avant, si on s'est préparé, ce n'est plus

une aventure. C'est juste un petit tour, un voyage
organisé !

*

– Cher ami ! Vous venez d'écrire un livre considé-
rable, plus de quatre cent cinquante pages, traitant de
la différence entre l'oignon et l'échalote.

L'auteur :

– C'est exact !

– Vous avez multiplié les exemples...

– Non seulement je les ai multipliés, mais parfois,
j'ai repris les mêmes.

– Pourquoi ?

– Par étourderie.

– Pouvez-vous nous en citer quelques-uns ?

– Oui.

– Comment avez-vous procédé ?... Vous avez pris
des oignons et des échalotes... ?

– C'est ça !

– Et puis ?

– Je les ai épluchés...

– Cela a dû être pénible...

– Ah, parfois, j'en aurais pleuré !

– Vous auriez pu les faire éplucher par quelqu'un
d'autre ?

– Un nègre ?... Ça, jamais !

– Je pensais à votre cuisinière...

– Elle n'épluche que les pommes de terre... Pas les oignons !

– Pourquoi ?

– Parce que ce ne sont pas les siens !

– Oui, cela se comprend. Mais revenons à votre livre *De la différence qu'il y a entre l'oignon et l'échalote*. Donc, vous les avez comparés ?

– Oui ! Pour être tout à fait franc, tout petit, j'avais déjà observé une différence notable dans la forme. L'oignon est rond comme un ballon de football alors que l'échalote est ovale comme un ballon de rugby. Ma mère qui ne connaissait rien aux sports... les confondait, si bien que souvent, croyant manger une soupe à l'oignon, nous absorbions une soupe à l'échalote. Alors que l'entrecôte que l'on nous disait être à l'échalote sentait fortement l'oignon !

– Citez-moi une autre différence !

– Eh bien... exemple (un premier exemple qui me vient à l'esprit), vous avez la course à l'échalote alors que vous n'avez pas de course à l'oignon ! Quand vous allez faire vos courses, il faut en tenir compte.

## INVENTIONS

Il regarda la bougie se consumer. Une pensée lui vint :

– On a parlé de celui qui avait inventé le feu, de celui qui avait inventé la poudre... mais jamais de celui qui a inventé la mèche... À moins que le créateur du feu et l'inventeur de la poudre n'aient été de mèche !

\*

Il ne faut pas oublier qu'Archimède, quand il a poussé son fameux « *Eurêka !* », était tout nu dans sa salle de bains.

Habillé, l'aurait-il trouvé, le mot « *Eurêka* » ?

\*

Lorsqu'une chose arrive, c'est toujours la faute de quelqu'un.

Je suis tombé par terre, c'est la faute à Voltaire !

Le nez dans le ruisseau, c'est la faute à Rousseau !

Si le monde s'est soulevé, c'est la faute à qui ?

À Archimède ! Tiens !

Qui était Archimède ?

Un marchand de leviers.

Pour garnir sa boutique, l'infortuné Archimède eut une idée de génie :

– Donnez-moi un levier et je soulèverai le monde !

Alors, tous ceux qui voulaient voir le monde se soulever lui ont apporté des leviers de toutes sortes.

Archimède, fort de ces leviers, a fait le tour du monde sous prétexte de savoir par quel bout le soulever !

Et en cours de route il a vendu ses leviers.

Fortune faite, il est rentré au pays où il a été reçu comme un prophète...

Car entre-temps, effectivement, le monde s'était soulevé.

Maintenant, était-ce grâce à ses leviers ?

*

Est-ce que vous savez que lorsque vous allumez la lumière, la nuit, vous mettez en mouvement des photons ? Est-ce que vous savez cela ? Non !

Vous pensez sans doute « Que la lumière soit et la lumière fut » par la grâce du Saint-Esprit !

Quand on dit quelque chose que quelqu'un a dit avant vous, on devrait savoir qui l'a dit et le citer.

Ce que l'on ne sait pas, c'est que celui qui a inventé la phrase « Que la lumière soit et la lumière fut », il ne l'a pas inventée le même jour !

Un soir, il a inventé « Que la lumière soit »... et... il n'a pas trouvé la suite...

Il a pensé alors que la nuit porterait conseil et il est allé se coucher.

Il a éteint la lumière et il s'est endormi.

Le lendemain, au petit jour *« Eurêka ! »*... il s'est écrié : « Et la lumière fut ! »

Comme quoi, c'est souvent par hasard que l'on trouve !

*

Savez-vous qui a dit : « Aide-toi, le ciel t'aidera ? »
Non ? Ne comptez pas sur moi pour vous aider !

*

Il y a des objets méprisables comme la gomme.

Une gomme efface ce que quelqu'un a écrit pour qu'on ne puisse pas le lire, mais elle n'écrit pas elle-même.

Le jour où une gomme écrira quelque chose, elle remontera dans mon estime...

Est-ce que vous savez qui a inventé la gomme pour effacer ce qui a été écrit au crayon ?

Est-ce que vous connaissez le nom de l'inventeur du crayon ?

Il y en a qui croient que le crayon, c'est un bout de bois pointu à un bout.

Ils ne savent même pas qu'il y a une mine à l'intérieur, qu'il est fourré !

*

Je ne vous demande même pas qui a inventé le fil à couper le beurre.

Vous êtes encore de ceux qui ne coupent pas leur beurre avec un fil mais qui l'étalent avec un couteau !...

*

Est-ce que j'invente ?

Le verbe « croître ».

Je croîs, tu croîs, il croît, nous croissons, vous croissez, ils croissent.

Imparfait : je croissais, nous croissions.

Passé : je crûs, nous crûmes.

Futur : je croîtrai, nous croîtrons.

Impératif : croîs, croissons, croissez !

\*

Je ne fais que rapporter les faits tels que je les observe.

Je n'invente rien.

Exemple : une poignée de porte...

On s'en sert surtout pour ouvrir. On le dit :

– Pour ouvrir, tournez la poignée de la porte !

Pas pour la fermer !

Il ne viendrait à l'esprit de personne de dire :

– Pour fermer, tournez la poignée de la porte !

Je n'invente rien ! C'est comme la clef de la porte.

On s'en sert surtout pour la fermer ! Non pour l'ouvrir !

Je n'ai jamais entendu dire :

– Ouvre la porte à clef !

Je n'invente rien.

C'est comme les escaliers.

Il y en a que l'on monte, d'autres que l'on descend !

Et... ce ne sont pas les mêmes !

Exemple : on descend toujours à la cave. On n'y monte jamais !

Alors que l'escalier qui conduit au grenier monte toujours !

C'est étrange, non ?

On pourrait penser que les gens qui montent au grenier en redescendent à un moment ou à un autre ? Eh bien non !

Ils y restent ! Qu'y font-ils ?

Je me demande parfois ce qu'ils peuvent inventer.

\*

Il y a des gens qui ne savent même pas distinguer un escalier qui descend d'un escalier qui monte !

C'est pourtant simple.

L'escalier qui descend... c'est celui qui conduit à la cave.

Et l'escalier qui monte, c'est celui qui mène au grenier !

C'est enfantin !

### INVISIBLE

Dans quelle circonstance ai-je rencontré l'invisible ?

Je ne l'ai jamais dit à personne.

Vous êtes les premiers à qui j'en aurai fait la confidence.

Un jour... j'étais en plein quotidien, la visibilité était parfaite...

Brusquement, j'ai eu un voile devant les yeux.

Comme je tentais de l'arracher... le voile s'est déchiré...

Et l'invisible m'est apparu, en pleine lumière !

Tout d'abord, je n'y ai pas cru...

J'ai pensé à une apparition, à un ange annonciateur, que sais-je ?

Pas du tout ! C'était l'invisible... dans toute sa nudité...

On me dit :

– Comment savez-vous que c'était dans toute sa nudité ? Vous l'avez touché ?

Allons ! Allons ! L'invisible est impalpable !

## IRONIE
J'ai horreur de l'ironie.

## IVRESSE
Il ne faut pas confondre ivresse et saoulerie.

\*

Fuir le monde par des moyens extérieurs, c'est comme de s'envoler sur les ailes de quelqu'un d'autre. On croit qu'on vole mais on ne vole pas.

\*

156

Un homme ivre rentre chez lui... Il marche sur la pointe des pieds...

Il tient ses chaussures à la main... en laisse tomber une...

Silence soudainement rompu par une voix de femme :

– C'est à cette heure-ci que tu rentres ? Il est trois heures du matin !

– Où veux-tu que j'aille ? Il n'y a plus qu'ici que c'est ouvert !

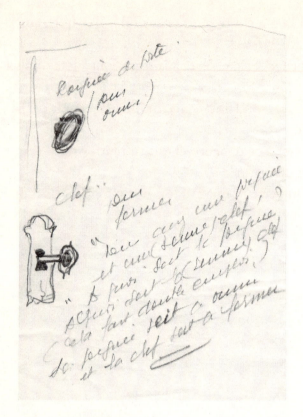

 Poignée de porte
(pour ouvrir)

 Clef...
pour fermer

Vous avez une poignée et une serrure (clef).
À quoi sert la poignée ?
À quoi sert la (serrure) clef (cela fait double emploi) ?
La poignée sert à ouvrir et la clef sert à fermer.

(Version définitive p. 154.)

# J

**JETER LA PIERRE**

Il ne faut pas que les gens qui jettent des bombes s'étonnent qu'on leur jette la pierre.

**JEUX**

Mes jeux de mots, ce ne sont pas des jeux de mots. Ce sont des jeux de l'esprit.

Les jeux de mots sont importants, bien sûr ! Mais ils ne valent que s'ils viennent alimenter un malentendu. Un mot va dans tel sens puis dans l'autre.

Ça égare le dialogue et j'adore ça !

*

Jeux de $d$ :

Pourquoi joue-t-on avec les $d$ et non pas avec les $a$, les $b$ ou les $c$ ?

Savoir jeter les $d$, c'est l'$abc$ du joueur !

*

Le jeu est une drogue et le joueur, un drogué qui se pique au jeu !

*

Si le *moi* est haïssable, le *jeu* l'est toujours.

*

Ne jouez pas au plus malin avec moi, vous seriez sûr de gagner !

*

J'ai joué de l'argent et je l'ai perdu !
J'ai joué ma montre et j'ai perdu mon temps !
J'ai joué avec ma santé et j'ai perdu six kilos !
Enfin, j'ai joué de malchance et j'ai gagné à tous les coups !

*

Il a joué jusqu'à son dernier souffle et il l'a perdu !

*

Quand le joueur eut tout perdu, il gagna la porte.

# L

**LANGAGE**

On pourrait tout dire et tout comprendre si l'on s'exprimait en langage clair.

Exemple, cette phrase qui, à l'écoute, peut effaroucher : « L'un est coextensif au tout et le tout converge dans l'un. »

Les gens :

– Qu'est-ce que ça veut dire ?

Eh bien, c'est simple. Ça veut dire que nous sommes tous solidaires.

C'est tout !

Là-dessus, si quelqu'un a le malheur d'essayer d'expliquer :

– Oui ! C'est parce qu'il y a interconnexion entre... etc.

Là, c'est foutu ! C'est le brouillard !

\*

Quelle langue choisir pour l'Europe ?

La réponse est toute trouvée : c'est la langue des *pire-sourd* !

Il y a une phrase qui la définit bien : « Il n'y a pire sourd que celui qui ne veut pas entendre. »

C'est le langage que tout le monde comprend, le malentendu !

– Voulez-vous répéter, je vous prie ?

– Inutile ! Vous m'avez très bien malentendu !

\*

En allemand, « final » se dit « finalement ».

\*

On imagine toujours que les gens qui emploient un autre langage que le nôtre, et que l'on ne comprend pas, ne disent que des choses intelligentes, passionnantes.

Traduisez ce qu'ils disent : ils parlent chiffons !

\*

Ne m'obligez pas à m'exprimer clairement...

Vous ne comprendriez plus !

J'aime mieux rester dans un flou éloquent.

Moins on comprend ce que je dis, plus j'intéresse.

Le prodigieux intérêt que suscite quelqu'un qui parle une langue que vous ne comprenez pas !

\*

Je vous dis pour la dernière fois ce que je ne répéterai pas deux fois !

\*

Langage de sourds.

Récemment, je croise un monsieur qui tenait en laisse un labrador...

J'aime beaucoup les labradors. J'en ai eu un jadis, auquel je pense souvent.

Je dis au chien :

– Ô le beau toutou... (Le mien s'appelait aussi « toutou ».) Qu'il est beau !... Vous permettez, monsieur ?

Et je me suis mis à le caresser...

– Il est gentil. Alors, on fait la promenade du matin ? Ah, tu te trémousses... Malheureusement, je n'ai rien à te donner !

Le propriétaire du chien m'interrompit :

– Il ne vous entend pas. Il est sourd ! Si vous le permettez, je vais lui traduire ce que vous venez de dire, ça lui fera plaisir.

Il se pencha vers son chien et, les yeux dans les yeux, il lui traduisit dans le langage des sourds tout ce que j'avais dit. Le chien me regarda et leva plusieurs fois sa patte de devant...

– Qu'est-ce qu'il a dit ? dis-je au maître.

Il a dit :

– Trouve-moi un arbre. J'ai envie de lever la patte !

– Il vient de la lever !
– Oui ! Mais lui, il parle de celle de derrière !

*

Les écarts de langage lui avaient tellement valu de remontrances, de rappels à l'ordre que depuis peu, il surveillait son langage.

Il mesurait ses propos...

Quand il n'en pouvait plus d'insulter ses contemporains... qu'il avait un trop-plein d'insultes, il en remplissait un sac-poubelle... et se rendait dans une décharge publique. Il vidait son sac.

Les mots en tombaient, provoquant un tintamarre... un amalgame de syllabes... Certaines syllabes s'étaient accolées à d'autres et formaient un mot monstrueux, hybride...

Le mot « méli » essayait de se rapprocher du mot « mélo »... avec l'espoir de prolonger leur union...

*

Décliner un honneur, toute responsabilité : refuser, rejeter.

Décliner son nom, son identité : se nommer, donner son nom ?

LETTRE

Être une lettre ! S'écrire !
S'écrier : « Je suis une lettre ! », et l'être en effet !
Lettre responsable.

164

Écrite par soi, pour soi... (sur du papier de soie).

Je me signe... Je me plie... (Là, il le faut, c'est la règle.)

Je m'enveloppe...

Je me ferme... je me timbre et... je me poste !

Je me reçois... me décachette.

Je me lis et me relis.

Je me déchire et je me jette au panier...

*

Cher monsieur le responsable des archives,

Jadis, les paroles s'envolaient. Seuls les écrits restaient.

De nos jours, tout reste.

La parole, aussitôt émise, est enregistrée...

Le geste, à peine esquissé, est filmé...

Avez-vous votre mot à dire ? On sort le magnéto...

– Ânerie !

– Bravo, monsieur ! Bravo pour le son !

Cela passera à la postérité. On n'a pas fini de vous entendre !

Voulez-vous faire un beau geste ?

On brandit la caméra. Silence, on tourne !

– Quelle vision ! Bravo, monsieur ! Bon pour l'image !

Ça passera à la postérité. On n'a pas fini de vous voir !

Je vous serais donc reconnaissant de me restituer tout ce qui a été enregistré chez vous, sur moi...

Vous en remerciant à l'avance, je vous prie d'agréer...

(Après avoir lu la lettre, le préposé aux archives la déchira et la jeta au panier !)

## LIBERTÉ

Les gens veulent leur liberté.

Qu'est-ce que la liberté ?

La liberté, c'est de faire ce que l'on veut.

Seulement, voilà, la plupart des gens ne savent pas ce qu'ils veulent.

Alors, lorsqu'au nom de la liberté qu'ils réclament, on leur dit :

– Mais qu'est-ce que vous voulez au juste ?

Ils ne savent que répondre :

– La liberté !

## LIVRE

Je ne suis pas exemplaire.

Je suis un exemplaire.

Signé : le livre.

## LOGIQUE

– Avez-vous le journal d'hier ?

– Ah non ! Mais je peux vous le donner demain.

– Comment cela ?

– Parce que j'ai celui d'aujourd'hui.

– Et alors ?

– Si je vous le donne demain, il sera d'hier !

\*

Mon chauffeur a un sens de l'observation très poussé.

Ce matin, il me dit :

– J'ai observé qu'à chaque tournant il y avait un virage !

L'autre jour, il roulait complètement à gauche. Je lui dis :

– Pourquoi roulez-vous à gauche ?

Il me dit :

– J'ai observé que toutes les voitures qui venaient en sens inverse roulaient de ce côté-là...

– Et alors ?

– J'en déduis que la route est meilleure.


LUMIÈRE

À force de vouloir faire la lumière sur tout, on ne distingue plus rien !

*

Quand je vois des gens faire du spectacle dans la rue, je trouve que c'est une erreur magistrale ! On ne fait pas du spectacle dans la lumière du jour. Il y a quelque chose qui ne va pas. Lorsque je joue quelque part en matinée et qu'il n'y a pas de stores, ça se passe mal. La lumière du jour ne se prête pas à la rêverie.

## LUNE

Avant, les hommes étaient dans la lune.

Et puis ils sont allés sur la lune.

Depuis, ils ont les pieds sur terre.

\*

On ne peut même plus promettre la lune, on l'a !

\*

La lune et moi, on se parle. Ce n'est pas d'aujourd'hui.

Je croyais même que l'on s'était tout dit. Faux !

Dernièrement, elle m'a chargé d'une commission auprès de la Nasa.

J'y suis allé... Je leur ai dit :

– Je viens de la part de la lune. S'il vous plaît, n'y mettez plus les pieds !

# M

**MAÎTRE**

Un maître, c'est quelqu'un qui a passé sa vie à aimer quelque chose qui mérite de l'être.

*

Le maître n'apporte rien à l'élève.

Il lui fait prendre conscience des possibilités, voire des richesses qu'il porte en lui.

**MALHEUR**

Je suis allé voir un artisan de malheur.

Je lui en ai commandé un beau.

Mais comme il était en veine, il l'a raté !

**MANCHOT**

Le comble, pour un officier manchot : être le bras droit d'un général !

## MAQUILLAGE

C'est un comédien.

Il a les cheveux plaqués noirs, une petite moustache noire.

Il arrive au théâtre... signe des autographes.

Puis, il rentre dans sa loge.

Il se met une perruque blanche... une grosse moustache blanche.

Et puis... il joue un vieux marquis.

Il sort de scène, regagne sa loge, enlève sa perruque blanche, sa grosse moustache blanche.

Il sort, signe des autographes et puis, il rentre chez lui.

Il enlève sa perruque noire... il a les cheveux tout blancs.

Il enlève sa petite moustache noire...

Il retire son corset.

Il se met péniblement au piano.

Soudain, il a vingt ans de moins. Il joue *Marquise*.

Le morceau terminé, il a vingt ans de plus.

Il se lève péniblement, comme un vieillard qu'il est redevenu... et va se coucher.


## MARCHE

Si je continue à m'entraîner tous les jours à la marche, lorsque je rendrai l'âme... je n'aurai pas besoin de corbillard... je me rendrai au cimetière à pied !

## MARIONNETTE

Avant de faire le guignol, j'ai tout fait. J'ai fait la marionnette.

Pas le marionnettiste, la marionnette !

J'ai joué la marionnette pendant des années. Je menais une double vie.

Dans la journée, j'étais monsieur Tout-le-Monde et, le soir, je devenais *Totor*, la marionnette Totor.

Personne n'a jamais découvert la supercherie.

Même le marionnettiste n'y a vu que du feu !

Pendant des mois, il a cru qu'il tirait les ficelles alors que c'était moi qui les actionnais, par en dessous !

En fait, la marionnette, c'était lui !


## MÉMOIRE

J'ai la mémoire de ce que j'oublie.

Si j'oublie de fermer le gaz, je me souviens très bien de l'avoir oublié.

*

Mémoire défaillante.

Je me souviens qu'elle avait quelque chose d'humide, mais je ne sais pas où.

Bon, ça ne fait rien !

Elle avait la gorge humide... non, la gorge était sèche !

C'est l'œil qui était humide...

Non, ce n'était pas l'œil ! L'œil était torve.

Je m'en souviens très bien. Là, je suis prêt à l'affirmer.

Alors, qu'est-ce qui était humide ?

Ah oui... Bon, passons !

Ah oui... C'était son imperméable, parce qu'il avait plu.

En tout cas, la gorge était sèche, je m'en souviens parce qu'elle m'a demandé un verre d'eau...

Ce n'est pas un verre d'eau qu'elle m'a demandé, c'est une sèche...

Une sèche, une cigarette, quoi !

## MENSONGE

J'en ai assez de mentir pour faire plaisir à des gens qui ont horreur du mensonge !

## MÉTIERS

– Quel métier exercez-vous ?

– Rabat-joie !

– C'est un métier, ça ?

– Non, mais quel boulot !

*

Je connais un politicien sans emploi. En attendant, il a trouvé un petit boulot.

Il écrit des petites phrases. C'est lui qui a lancé les petits boulots !

Je connais un type qui exerce un petit boulot.

Il livre les journaux à un boulanger qui le paye avec des croissants.

Cela permet à l'un de *lire* et à l'autre de *croûter*.

*

Le jardinier :
— Pourquoi ne me voit-on jamais travailler ?
C'est simple comme la fleur du même nom.
Quand il pleut, je ne veux pas que l'on dise :
« Il est fou de travailler par un temps pareil ! »
Quand il fait soleil, je ne veux pas que l'on dise :
« Oui ! Il ne travaille que lorsqu'il fait beau ! »
Je veux montrer que le temps ne fait rien à l'affaire.
Si je ne travaille pas, c'est de ma propre volonté.
C'est parce que je le veux bien !

*

Parce que le financier reprochait à son courtier d'avoir une mine de papier mâché, celui-ci s'est froissé et s'est jeté à la corbeille !

*

J'ai fait trente-six métiers. J'ai été triporteur, crémier, libraire, agriculteur.

Pour un acteur, être dans le champ de la caméra, c'est le paradis, mais être dans un champ de carottes, c'est l'enfer.

*

Je sors de chez le coiffeur... Vous voyez le résultat ?
Je lui ai dit :
– Mais vous m'avez complètement raté !
Il me dit :
– Et alors ? J'ai toujours raté tous mes clients. Je
n'ai pas à vous faire de faveur spéciale !

*

Mon coiffeur fait de la peinture.
– Alors, lui dis-je, vous peignez toujours ?
– Oui, je peigne !

*

C'est comme ce peintre qui, lorsqu'il était enrhumé,
peignait à l'huile goménolée.

*

J'ai rencontré l'horloger qui marchait dans la rue.
Il ne m'inspire pas confiance.
Il s'arrête toutes les cinq minutes !

*

Le comble de la duplicité, pour un potier, c'est de
tourner autour du pot.

*

Après que l'épicier eut pesé ses mots, il en fit un paquet qu'il jeta à la tête du client.

\*

Un brillant polémiste m'affirmait que lorsqu'il soulevait des polémiques, il avait des maux de rein.

\*

La blanchisseuse est morte à la tâche.

\*

L'électricien :
– Je n'ai de lumière à recevoir de personne !

\*

L'avocat s'est suicidé en désespoir de cause.

\*

Le porte-parole d'un bègue, il a du boulot !

\*

La voyante ne manquait pas de présence d'esprit.

\*

Un menuisier me disait l'autre jour qu'à force de taper sur des clous, il était devenu marteau.

*

Le facteur n'est pas comme sa femme.
Quelle que soit l'heure à laquelle il passe, il ne sonne toujours que deux fois.

*

Réflexion de l'employée de maison :
– Moi, avant, je servais chez des gens très bien !

*

Le geste majestueux du faucheur fauchant son blé, ce geste n'a plus cours.
Si ! C'est devenu celui du balayeur fauché.

*

Le comble, pour un taxi gréviste, c'est de débrayer hors de son véhicule.

*

L'autre jour, j'étais dans un taxi. Soudain, me voyant allumer une cigarette, le chauffeur se retourne, furieux, en vociférant :
– Voulez-vous bien ne pas fumer !

J'imagine la tête que ferait ce chauffeur si un client lui disait :

– Je veux bien que vous me preniez en charge mais sous certaines conditions. Promettez-moi de tenir les glaces fermées, de ne pas dépasser cinquante à l'heure, de ne point tousser ni cracher, et enfin de vous abstenir d'injurier les éventuels maladroits.

*

Il faut apprendre la façon de faire et après, on peut faire à sa façon.

*

Récemment, dans la rue, un agent m'interpelle. Il me dit :

– Je sais que vous venez d'écrire un ouvrage...

– Ce n'est pas un crime, que je sache ?

– De quoi traite-t-il ?

– Je ne peux pas encore vous le dire... il est toujours sur le métier. Pourquoi ?

– Parce que je suis en train d'écrire moi-même un ouvrage.

– Sur quoi ?

– Sur le métier... d'agent de police. Pouvez-vous me donner un conseil ?

– Polissez-le et repolissez-le sans cesse !

– On me l'a déjà dit vingt fois... !

*

Ma voisine qui exerce le plus vieux métier du monde en écrit un aussi, intitulé *Le Cœur à l'ouvrage* ; comme elle m'en parlait :

– Avez-vous au moins vingt fois sur le métier remis votre ouvrage ?

– Oh, plus que cela !

– J'ose à peine vous demander de quoi il traite ?

– Des Blanches ! Tenez !

Elle me le passe pour que je le lise...

C'est un ouvrage tellement salace que je m'en suis fatigué très vite !

## MICROBE

J'ai connu un microbe très intelligent. Je l'ai même fréquenté.

À un moment, on était brouillés ; je le menaçais toujours de me faire vacciner.

Quand je parle de ça, les gens ne s'approchent pas de moi. Ils disent :

– Il le fréquente encore !

## MIME

Le mime qui a un trou de mémoire :

– J'ai le trou du geste !

*

J'adore Marcel Marceau. Avec lui, les mimes ont trouvé leur porte-parole.

*

Le mime est un art respiratoire.
Moi, je suis un digestif.

*

La fleur du mime, c'est le mimosa.
Pour mimer une fleur, il fallait que le mime osât !

*

Un mime doit être *ouvert* comme une danseuse...
Il n'y a rien de plus chaste qu'une danseuse...
Et cependant, il n'y a rien de plus ouvert !

*

J'ai connu un mime qui faisait sortir de sa boîte un tas de petits anges.

Il les laissait tous s'échapper. Impossible de les récupérer.

Si bien qu'à la fin de son tour, il saluait et sortait, laissant un tas de petits anges en suspens dans l'atmosphère.

Alors un jour, au lieu de sortir un petit ange, il a fait jaillir un petit diable de sa boîte.

Comme le petit diable était au bout d'un ressort, il ne pouvait pas aller loin.

Quand il a voulu le récupérer, d'un geste, il l'a ramené dans sa boîte.

*

Devant l'acteur qui lui faisait de grands gestes, le mime ne sut que répondre...

*

J'ai vu un mime qui a voulu sortir côté cour en faisant la marche contre le vent.

Il n'en finissait plus de sortir.

Le public a commencé de manifester son impatience.

Alors le mime, pas fou, a fait demi-tour et il est sorti côté jardin avec le vent dans le dos, à la grande satisfaction du public qui a fini par l'applaudir.

*

L'homme en marche a commencé par mimer le terrain avec ses pieds !

Puis il a mimé avec sa main la forme de la pomme.

Enfin, il a mimé les formes de la femme !

*

Supposons un mime qui n'ait pas la mémoire visuelle.

Il mime quelqu'un qui tient une valise. Bon !

Il la pose.

Il vaque à ses occupations.

Il revient pour la reprendre.

Où est sa valise ?

Bien malin qui pourrait le lui dire.

Allez repérer une valise qui n'existe pas !

Il peut tomber dessus comme il peut tâtonner pendant des heures...

C'est la cruelle incertitude du mime.

Un verre et une bouteille, on les tient. On les a bien en main.

Mais une valise, dès que vous lâchez la poignée, elle vous échappe !

*

Savez-vous comment je me suis aperçu que j'étais doué pour le mime ? Un jour où mon pianiste n'a pas pu venir, je l'ai remplacé au pied levé.

Je me suis mis au piano et comme je ne savais pas en jouer... j'ai mimé un air populaire...

J'y ai mis une telle conviction qu'après avoir mimé le second couplet, les gens dans la salle ont repris le refrain en chœur...

Ce jour-là, j'ai compris que j'étais doué pour le mime...

*

La publicité du mime se fait de bouche à oreille.

*

J'ai vu un mime passer une audition devant le directeur d'une maison de disques qui l'écoutait les yeux fermés.

*

181

Il y a des choses difficiles à traduire mais on y arrive avec un peu d'entraînement...

Par exemple, à faire par un mime :

un moment d'inquiétude.

Un silence intérieur (angoissant).

Un regard hébété.

Un mouvement de répulsion.

Une explosion de colère.

Un soupir de soulagement.

Une tension extrême.

Un relâchement excessif.

Une mise en garde.

Une position instable.

Une humeur massacrante.

Un sourire sardonique.

Une impatience à peine déguisée.

\*

À force de mimer celui qui fume une cigarette, le mime avait fini par se mimer la santé.

\*

Ce matin, je pensais aux catastrophes naturelles...

Ce serait formidable de les mimer...

Mimer, par exemple, un tremblement de terre...

Mimer une inondation... Mimer des tempêtes...

Ce ne sont pas des petites marches sur place ou des marches contre le vent.

Ce sont des grands trucs !

## MIRACLES

Donnez de l'herbe à une vache, elle fait du lait.

Donnez de l'herbe à un homme, il délire.

\*

Lorsque Jésus a multiplié les petits pains et les poissons, on a crié au miracle et c'était un miracle.

Eh bien moi, je viens d'en voir un...

J'ai donné du pain aux poissons...

Savez-vous ce qu'ils en ont fait ?

De la chair à poisson !

Vous me direz :

– Tous les animaux font ce genre de miracle... Donnez de l'herbe à une vache, elle en fait du lait.

Soit ! Mais donnez des saucisses à un porc ! Qu'en fait-il ? De la chair à saucisses !

## MISE EN DEMEURE

Parce que j'avais du retard dans un paiement, j'ai reçu une *mise en demeure*.

Une mise en demeure, qu'est-ce que cela signifie ?

Est-ce qu'il faut que je demeure tant que je n'ai pas payé la mise ?

Ou est-ce que mettre en demeure ne signifie pas mettre en maison ?

Une maison où on demeure, c'est-à-dire en prison !

## MISÈRE

Ah, misère !

Moi, ce que j'aurais aimé, c'est faire pleurer les foules ! Je n'y arrive pas !

Parce que... l'on dit qu'il est plus difficile de faire rire que de faire pleurer.

Ce n'est pas mon avis.

Les gens ne veulent plus pleurer...

Jadis, pour un oui, pour un non, les gens pleuraient à chaudes larmes !

Il suffisait d'évoquer la misère. Moi, j'évoquais très bien la misère !

Rien qu'en prononçant le mot...

Ah, misère !...

J'arrivais à tirer les larmes !

Maintenant... j'arrive encore et tout juste à faire pleurer mon entourage !

Ah, misère !

Parce qu'ils me connaissent, ils s'apitoient devant moi.

Mais dès que je suis sur scène, c'est fini !

J'ai beau parler de la misère, je vois bien les gens...

La misère, ça ne les intéresse pas ! Ils la connaissent par cœur ! Ils en ont trop vu !

Vous pouvez leur montrer toute la misère du monde...

Les gens :

– Bah, c'est triste cinq minutes et puis, on s'en lasse très vite ! Il n'y a pas de quoi en faire un drame.

Ah, misère !

*

Quand j'étais petit, il m'est arrivé un terrible accident.

J'étais dans les bras de ma mère. Elle me chantait une berceuse.

Et tout à coup, plouf, son pied a dû glisser, elle est tombée dans la misère jusqu'au cou !

Évidemment, moi qui étais dans ses bras, j'en ai pris plein la figure !

J'étais enveloppé de misère.

J'avais beau essayer de l'arracher... cette satanée misère, elle vous colle à la peau comme un vieux manteau mité !

## Moi

J'ai eu l'imprudence de dire à celle que j'aime :

– Tout mon *moi* est à toi !

Depuis, elle garde pour elle tout mon mois de salaire.

*

Ce que je vous dis, je ne l'ai dit à personne, même pas à moi-même.

*

Je me préfère en portrait qu'au naturel.

Vous voyez mon visage ? Il est toujours en mouvement.

Mon portrait est immobile. Quoi qu'il arrive, il ne bronche pas !

Une mouche qui vole, des gens qui passent, l'employée qui me fait des grimaces, c'est toujours la même expression...

Je ne bouge pas. Impassible !

*

Quand on m'invite, il y a des gens qui me reprochent de ne parler que de moi...

Ils me disent :

– Vous ne parlez que de vous, jamais des autres !

Je leur dis :

– Si vous m'invitez, moi, c'est pour que je vous parle de moi. Si vous voulez entendre parler des autres, il faut inviter les autres... Ils parleront d'eux mieux que moi !

Alors, si vous voulez entendre quelqu'un parler de moi, il n'y a que moi...

Vous ne m'avez tout de même pas invité, moi, pour que je parle de vous ?

*

Entrer en communication avec des gens, frapper aux portes, m'a toujours été très difficile. Je ne suis pas un homme solide. J'ai toujours été hésitant. Et les gens qui n'hésitent pas me font peur. Je peux admirer leur faculté, mais je trouve ça un peu inhumain. Moi, j'aime les gens qui peuvent se laisser bercer. Par les contradictions. Les gens qui ont un peu le regard vague. Pas trop, mais un peu. On sait chez eux que les sens sont en éveil. Ils reçoivent constamment des impressions. Comment voulez-vous qu'ils soient toujours positifs dans leurs décisions ? Ils sont bombardés d'impressions ! Ils sont vulnérables.

## MONDE

Heureusement qu'il y a des gens qui, comme nous, refont le monde.

Sans cela, le monde ne serait plus ce qu'il est !

*

On ne m'a pas mis au monde...
On m'a jeté au monde !

*

Il y a un autre monde qui se fait jour...

Monde étrange, trouble, monde des vibrations...

Un monde où les choses commencent à prendre conscience.

Exemple concret : le tambour qui se rebiffe.

Il va jusqu'à crier « Assez ! » quand on lui tape trop fort dessus.

– Assez ! Vous voulez ma peau ?

Les tables tournantes.

Les apparitions.

L'horoscope.

Les prédictions.

Les transmissions de pensée.

Les présences.

Les fantômes, etc.

## MONSIEUR TOUT-LE-MONDE

– Vous ne pouvez pas chanter comme monsieur Tout-le-Monde ?

– Non ! Comme je suis monsieur Tout-le-Monde et que monsieur Tout-le-Monde ne chante pas comme moi, je ne peux pas chanter comme monsieur Tout-le-Monde !

## MOQUERIE

Mesdames et messieurs, je vais, si vous le permettez, me moquer de moi-même, parce que je ne voudrais pas que quelqu'un d'autre le fasse !

## MORAL

À la déclaration de la guerre 39-45, j'avais un moral d'acier.

Et j'avais du mérite parce qu'à l'époque, l'acier ce n'était pas facile à trouver : la route du fer était coupée.

## MORALE

Ma morale, c'est la conclusion raisonnable d'un texte fou.

## MORT

Quand on pense que l'on va bientôt mourir, on vit mieux !

Penser que l'on ne va pas mourir est une idée bête, car les bêtes ne pensent pas qu'elles vont mourir.

*

J'étais entre la vie et la mort. J'ai longtemps hésité.

*

Il était d'une telle discrétion qu'après avoir rendu son dernier soupir, il en rendit encore un autre que personne n'entendit...

*

Le bègue, en mourant, rendit trois fois son dernier soupir.

*

Quand je pense aux maigres compliments qu'ouït sa vie durant un homme méritant, à côté des somptueux éloges funèbres qu'il n'entendra pas après sa mort, je dis :

– Il n'y en a que pour ceux qui meurent !

*

On a vu des vivants faire le mort.
Jamais des morts faire le vivant !

*

Je veux bien mourir dans un ascenseur, mais seulement quand il monte.

*

Un photographe est au chevet d'un moribond.
– Ne bougeons plus ! Clac ! Une autre. Ne bougeons plus ! Clac !
... Un temps...
– Tiens ? Il ne bouge plus !

*

L'inquiétude fondamentale, c'est la mort. C'est l'issue de la vie.

Un jour, monsieur, il faudra rendre votre âme.

Il faudra la rendre comme on rend son uniforme, quand on quitte l'armée.

Pourtant, au fond, la mort, c'est normal : elle fait partie de la vie.

C'est plutôt la maladie, la douleur qui me tour-
mentent. Je ne comprends pas la douleur.

Elle me semble inutile. La mettre sur le dos d'une
expiation me paraît douteux.

## Mots

Ceux qui font des généralités sont des imbéciles...
généralement.

*

Deux prêtés ne valent pas un rendu.

*

Mot perdu de vue.

Il y a des mots que je perds de vue trop long-
temps.

Lorsque je les retrouve, je ne les reconnais plus.

*

Arrêter une affaire, c'est la mettre en route.

*

Variations sur le mot « couac ».

Ne pas confondre « couac » avec le mot « quoique »,
quoique !

« Couac » se termine par *ac*, tandis que « quoique »
se termine par *que*.

*

Je veux me retrouver les pieds dans l'eau et la tête dans le vague.

Tandis que mes pensées iront à vau-l'eau, je clapoterai dans la vague.

Je vais me retrouver le bec dans l'eau et l'âme dans le vague.

Et je sombrerai dans l'au-delà, dans le creux de la vague.

*

Si, au lieu de dire à mon pianiste : « Vous n'êtes pas convenable », je lui dis : « Vous êtes messéant ! », il va sortir pour chercher dans le dictionnaire et il verra que « messéant » est le participe du verbe « messeoir » qui signifie « n'être pas convenable ».

*

Un beau geste, il ne suffit pas de le dire, il faut le faire !

Tandis qu'un bon mot, non seulement il faut le faire mais en plus, il faut le dire !

*

Au restaurant, un officier au serveur :
– Je voudrais commander...
– Mais comment donc, commandant !...

*

J'ai tout fait pour ne pas étouffer !

*

Je ne ferai jamais cela, en tout cas pas de mon vivant !

*

Si vous ne savez pas à qui vous adresser, ce n'est pas ici...

*

Le tempestiaire, celui qui provoque la tempête... comme l'incendiaire l'incendie.

*

Je connais un auteur dramatique qui ramassait tous les mots qu'il avait entendus à droite et à gauche et il allait les proposer à un directeur de théâtre, jusqu'au jour où le directeur lui a dit :
– Assez de mots, des actes !

*

Je lui aurais bien donné un coup de semonce mais je n'avais pas de semonce à portée de la main !

*

On fait de la littérature avec des mots comme on fait de la musique avec des sons et de la peinture avec des couleurs.

Il faut jouer des mots... comme des sons... ainsi que des couleurs.

*

*d*, c'est *a*
*d*, c'est *d*
Et *c*, c'est... (C'est tout !)

*

Une note : Il faut être dans le vent !
L'eau : Il faut être au courant.
L'air : Drôle d'air !
Feu : Tout feu, tout flamme.

*

On l'appelait le beau fixe, parce que rien en lui ne bougeait.

*

De tous ceux qui sont ici, on ne se souviendra que de tous ceux qui ne sont pas là !

*

Un poète qui persévère...

*

– Je connais l'endroit où il y a eu six tués.
– Peux-tu me le situer ?

*

– Sais-tu pourquoi il s'est tu ?
– Oui ! Parce qu'il s'est tué !

*

Un jour où j'avais prononcé un mot plus haut que l'autre, j'avais dit ouvertement : « C'est stupéfiant ! », j'ai eu toute la brigade des mots douteux à mes trousses.

*

Les mots à la mine patibulaire qui font chanter le vocabulaire.

*

Ou je me trompe fort ou ma femme me trompe !

*

Il y a des mots qu'il ne faut pas prononcer devant moi.
Le mot « verglas », par exemple.
Dès que j'entends le mot « verglas », j'ai les pieds qui patinent !

*

Quand on fait éclater les mots comme on fait éclater l'atome, il faut faire attention.

C'est dangereux, le rire.

Des éclats de mots, ce sont comme des éclats de lumière.

On peut en faire des monstruosités comme des chefs-d'œuvre.

*

L'expression : « Cela vous fait une belle jambe. »

C'est toujours ça !

Si je ne montre pas l'autre, je peux toujours faire illusion !

*

Jongler avec les mots, ce n'est pas si facile que ça.

Parce qu'il y a des mots qui sont pesants.

Et si vous les ratez, vous les prenez sur la tête. Ça fait mal.

Les gros mots, par exemple, ça fait très mal !

*

Nous avions des avions.

Vous chantiez sur le chantier ?

Vous couriez après le courrier.

*

On dit d'un visage qu'il parle quand il ne dit rien.

*

Je connais un homme de paille qui s'est acheté une paire de bottes.

Ça a fait du foin !

\*

Je suis gauchement adroit.

\*

Ce camembert n'est ni fait ni à faire !

C'est un propos assez avancé.

\*

Prendre le large !

Expression vague !

\*

Le borgne avait le don de double vue.

Sa femme ne voyait pas ce don d'un bon œil.

\*

Tenir sa langue : jamais personne n'a tenu sa langue.

Une langue, ça tient tout seul !

Ainsi, tu as perdu ta langue !

C'est un faux raisonnement.

Comme il se tait, il n'a pas besoin d'ouvrir la bouche.

S'il garde la bouche fermée, comment peut-on savoir s'il a perdu sa langue ?

＊

Ils sont tous d'ici.
Le vigneron est du cru.
Le prêtre habite au-delà mais il est d'ici.
Il n'y a que le tailleur qui ne soit pas d'ici.

＊

Il disparaissait avec adresse et réapparaissait poste restante.

＊

J'ai vu deux personnes sous la pluie, qui parlaient à mots couverts.

＊

Je lui avais donné des textes à lire. Il m'avait répondu :
– Je les lirai à tête reposée.
Il ne savait pas si bien dire...
Il est mort avant d'en prendre connaissance.

＊

En France, on n'a pas de pétrole mais on a des chiffres et des lettres !

Il n'y a qu'à vendre quelques-uns de nos mots les plus longs... dont on n'a pas l'usage dans le langage courant !

*

C'est fou ce que l'on peut faire avec un mot !

On peut lâcher le mot, prendre au mot, écrire un mot, prendre un mot pour un autre.

On peut ne pas savoir un traître mot.

On peut faire un mot, le croiser, traduire mot pour mot.

On peut jouer sur les mots.

On peut chercher ses mots et ne pas les trouver, peser ses mots, se payer de mots, mâcher ses mots, dire des gros mots, avoir peur des mots, rentrer des mots dans la gorge.

Il y a des mots dénués de signification, vides de sens.

Il y a des mots dont on dit qu'ils ne sont pas des mots.

Il y a des mots qui vous échappent.

Il y en a qui de temps en temps ont leur mot à dire.

D'autres veulent toujours avoir le dernier mot.

Certains n'ont pas dit leur dernier mot.

Il est mort sans avoir dit son dernier mot.

Il y en a qui échangent des mots avec quelqu'un.

Il y en a qui glissent des mots à l'oreille de quelqu'un.

Il y a ceux qui vous résument les choses en deux mots.

Et puis il y a... le mot... de la FIN.

*

Mes cravates s'usent.

Il est vrai que ça fait quelques années qu'elles sont dans le cou(p).

*

Il buvait toutes mes paroles, et comme je parlais beaucoup, à un moment, je l'ai vu qui titubait...

*

Inspirer l'air, l'air inspiré.

*

Un noyau d'atome qui se fend la pêche.

*

J'ai préparé la fête, ce fut une défaite.

J'ai consulté les astres, ce fut un désastre !

*

La pesanteur des mots : c'est pour cela que, parfois, on met sous les mots de la musique.

Ça les porte !

Croyez-vous qu'une phrase telle que « La Victoire en chantant nous ouvre la barrière » passerait, s'il n'y avait pas une musique dessous ?

Allez dire de sang-froid à quelqu'un : « La Victoire en chantant nous ouvre la barrière », il va dire :

– Il déconne !

Tandis que la même phrase chantée, ça vous a une autre gueule !

## MUSIC-HALL

J'aurais voulu être magicien mais je ne me faisais pas d'illusions.

## MUSIQUE

Je me suis mis à la clarinette. C'est ce qui se rapproche le plus de l'anglais.

*

Quand on dit que le clairon charge, ce n'est pas dans le sens de l'attaque.

C'est dans l'idée « Il en fait un peu » !

*

Premier musicien au second :

– Il n'y a pas que le *si* que tu as eu... Tu nous as eus aussi !

– Hé, que c'est lent ! (Excellent.)

*

Quand pour la première fois j'ai posé les mains sur un piano, je ne savais pas où je mettais les pieds !

*

Se mettre au piano à 50 ans, ça oblige à progresser rapidement.

*

J'avais laissé mon piano dehors, sous la pluie.
Et quand la pluie a cessé, il est tombé des cordes !

*

Après onze ans de piano, je joue déjà comme un enfant de 4 ans.
Je suis un vieux prodige. Il n'y en a pas beaucoup car ils n'ont pas d'avenir.

*

À 55 ans, je me suis dit :
– Tiens, je vais apprendre la harpe !
J'ai trouvé un professeur de harpe, une dame très bien, d'un certain âge.
Après mon premier cours, je n'ai pas pu résister, je lui ai demandé :
– Vous ne trouvez pas cela gênant d'apprendre la harpe à un homme de mon âge ?

– Oh, pas du tout ! J'ai des élèves qui sont plus âgés que vous, surtout des dames...

Je lui ai demandé :

– Et ces dames sont-elles arrivées à un résultat ?

Elle m'a répondu :

– Jamais !

*

Un diable de pianiste... tire le piano par la queue.

*

Un jour, je jouais du piano... Toutes mes touches blanches étaient devenues vertes.

Je me disais :

– Que se passe-t-il ?

C'était le foie... une crise de foie !

*

Jadis, pour écouter de la musique, on se déplaçait, on allait au concert, et l'on avait un moment musical.

On consacrait une soirée à « écouter » de la musique.

De nos jours, la musique, on l'écoute à longueur de journée, sur n'importe quelle longueur d'onde.

On l'écoute en travaillant.

C'est-à-dire que si l'on travaille bien, on ne l'entend pas.

Car si on l'entend, c'est que l'on travaille mal.

De nos jours, la musique, on l'écoute d'une oreille distraite.

## Tout mon moi

J'ai eu l'imprudence de dire à celle que j'aime : « Tout mon moi t'appartient. » Depuis, elle garde entièrement ma paye – mon salaire.

J'avais pourtant dit à celle que j'aime : tout mon « moi » t'appartient. Elle n'a retenu qu'une chose : ma paye.

(Version définitive p. 185.)

# N

## NATIONALITÉ

Je suis né avec un pied en Belgique et un pied en France. C'est pour cela que je marche les pieds écartés.

*

Moi, je m'appelle Devos. Ça veut dire « renard » en flamand mais je suis français ! Mon pianiste s'appelle Dupont et il est belge... Je sais que j'ai l'air de faire un numéro mais c'est la pure vérité ! Je suis français, j'ai toujours été français et tout le monde me prend pour un Belge, que voulez-vous que je vous dise ? Ce sera ainsi jusqu'à ma mort !

*

J'ai mis toute une vie à m'apercevoir que j'avais perdu le Nord ! Plus exactement le département du Nord, d'où sont originaires mon père et mon grand-père. Je suis né à Mouscron, en Belgique, et j'ai récemment découvert que le citoyen français nordiste que je croyais être se trouvait dans une sorte de no man's land administratif. Malgré des papiers d'identité établis en bonne et due forme et un permis de conduire réglementaire, je n'avais pas d'existence légale !

Renseignements pris à Nantes, auprès des services concernant les Français nés à l'étranger, j'ai appris que j'étais un parfait inconnu ! À ma naissance, mon père m'a déclaré à la mairie de Mouscron où mes parents avaient une propriété, le château de Tourelles. Mais comme il a oublié de m'inscrire au consulat de France, ma situation n'a jamais été régularisée. À Nantes, on m'a dit : « Il n'y a pas de M. Devos sur nos tablettes. » Il faudra que je pense à faire un sketch...

## Négation positive

Ne me faites pas dire ce que je veux dire !

*

Je vous le dis comme je ne le pense pas !

*

Il faut prendre les choses comme elles ne sont pas !

*

Posséder des qualités n'est pas un défaut.

*

Être poli n'est pas irrespectueux.

## N'IMPORTE QUOI

Comme je dis n'importe quoi, je peux soutenir une conversation avec n'importe qui !

*

Je suis tellement sûr qu'il ferait n'importe quoi pour moi que je n'arrête pas de faire n'importe quoi pour lui !

*

Comment peut-on rester coi en disant n'importe quoi ?

C'est lorsque vous dites n'importe quoi à quelqu'un et qu'il vous dit (comble de malentendu) :

– Ce que vous dites, ce n'est *pas* n'importe quoi !

Alors là, vous ne savez plus quoi dire.

Vous restez coi !

*

Avant, je disais n'importe quoi et je faisais un succès fou !

Malheureusement, je ne me souviens plus de ce que je disais...

De plus, comme je le disais n'importe où, je ne me souviens plus où je le disais ni quand.

Déjà, si je me souvenais quand je le disais, je me souviendrais où.

Je suis sûr qu'il me suffirait de me rendre à *où*...

Pour me rappeler ce que je disais...

Seulement, à l'époque où je disais n'importe quoi, je le disais n'importe comment !

Et c'est parce que je le disais n'importe comment qu'avec ce n'importe quoi, je faisais un succès fou !

La preuve, c'est qu'aujourd'hui je dis toujours n'importe quoi, mais pas n'importe comment !

## NOURRITURE

Lorsque je mange avec mes doigts, je me revois... vêtu de peau de bête, dans la savane, assis au pied d'un arbre d'où je viens de descendre, je casse la croûte terrestre dans l'espoir d'y trouver... quoi ?

Un os qu'un primitif ancêtre aurait enfoui là, il y a des siècles et qui pourrait éventuellement raconter mes origines, lesquelles pourraient se situer...

On a le choix entre deux dates... Il y a une fourchette...

Le mot « fourchette » me ramène brutalement à la réalité...

Et je vais me chercher un couvert à la cuisine...

*

Entre la nourriture et l'amour, je choisis les deux !

## NUDITÉ

Un homme nu, c'est un homme seul.

Dès qu'il est vêtu, il fait partie de la communauté.

*

Un va-nu-pieds qui se déshabille peut révéler des trésors.

*

Il y a des gens qui croient que les individus ne sont nus que chez eux !

C'est faux !

Ils sont nus partout !

Quand les gens sortent, ils emportent leur nudité sur eux, enfin sous eux, qu'ils cachent !

On ne sait trop pourquoi !

*

Au lieu de jurer de dire toute la vérité, on ferait mieux de mettre le témoin dans la tenue d'Adam.

– Vous connaissez l'accusé ?

– Ben... C'est-à-dire que je ne l'ai... jamais vu dans...

– Alors, vous ignorez tout de lui. Sortez !

*

Qui n'a pas vu un homme nu ne l'a jamais vu !

C'est comme pour les artistes.

Jouer nu... c'est jouer sincère !

C'est pour cela qu'il y en a de plus en plus sur nos écrans.

C'est le cinéma-vérité !

*

Si l'on était obligé de se montrer tout nu, il y a un tas de gens qui seraient obligés de changer de métier !

À commencer par les mannequins !

Parce qu'en général les mannequins n'ont rien en dessous...

C'est-à-dire qu'on ne trouve pas à l'intérieur ce que l'on voit de l'extérieur !

# O

**ŒUF**

Qu'est-ce qui différencie votre œuf de celui d'une poule ?

– Rien ! C'est le même œuf sauf que le mien est mou. Ce que je reproche à la poule, c'est la dureté de son œuf. Or, dur, l'œuf casse. Alors que mou, il dure ! C'est comme le chêne et le roseau. Eh bien, mon œuf plie mais ne rompt point. D'ailleurs, mon œuf mou, si je l'avais fait dur, on aurait dit :

– Il a copié !

Parce que les réflexions des gens :

– L'œuf mou de Devos, à quoi sert-il ?

– Et la montre molle de Dalí, à quoi sert-elle ?

*

Manger un poussin, c'est tuer la poule pour avoir l'œuf !

## OIES

Jeu de l'oie.

Coup de téléphone de mon voisin :

– Monsieur, il y a une oie dans votre étang ! Elle doit être sauvage parce qu'elle vole...

– Gentil de me le dire. Merci du renseignement !

C'est comme s'il m'avait dit : « Il y a un nid dans votre poirier ou des poussins dans l'eau... ou des grenouilles dans le bénitier ! »

– En quoi cela vous gêne ? dis-je un peu glacé.

– Cela me gêne ! Cela me gêne ! Pas moins que vos grands arbres qui ombragent mes terres... comme votre clôture qui rejette ses vieilles pierres dans mon jardin.

– Comme me gênent les pavés que vous lancez dans ma mare...

– C'est comme les piqûres de vos moustiques que votre étang attire...

– Vous voudriez peut-être que je mette des moustiquaires autour de la pièce d'eau ? Est-ce que je me plains des coassements des grenouilles dont vous emplissez vos bénitiers ?

– Qu'appelez-vous mes grenouilles ?

– Vos petites oies blanches !

On y revenait...

\*

Pourquoi mangeons-nous plus volontiers une aile de poulet ou une cuisse qu'une aile d'oie ?

Avez-vous déjà entendu quelqu'un commander une cuisse d'oie ?

Avez-vous remarqué que, lorsque l'on parle d'œufs... c'est toujours d'œuf de poule, jamais d'oie...

Pourtant, les oies pondent des œufs !

Vous me direz qu'à propos d'oie, on parle de foie.

Le foie d'oie, le foie gras d'oie !

On parle aussi de foie de canard, jamais de foie de poule !

Pourquoi ? Cela reste une énigme.

## OMBRE

Mon ombre n'existe que par moi.

*

Chaque fois que je vois mon ombre à mes pieds, j'ai toujours peur de marcher dessus !

Ce n'est pas que je me prenne pour une lumière...

Mais mon ombre, c'est tout de même le reflet de moi-même !

Je la respecte. J'évite de lui marcher dessus !

## ON RACONTE N'IMPORTE QUOI

De tout ce qu'on raconte, rien n'est vrai.

C'est tellement énorme que ce n'est pas possible.

Ce sont des événements que l'on invente pour alimenter la chronique.

Les guerres ?... De nos jours ?... Enfin, soyons sérieux !

La guerre du Vietnam n'a jamais existé !

C'est une guerre inventée de toutes pièces...

Croyez-vous vraiment que si l'Amérique avait fait la guerre au Vietnam, elle ne l'aurait pas gagnée ? Allons, allons !

Cette toute-puissance contre ces va-nu-pieds à vélo ?

À qui veut-on faire croire cela ?

La preuve qu'elle n'a jamais existé, c'est qu'elle s'est terminée comme elle avait commencé, clandestinement !

Les morts du week-end ? Ils n'ont jamais existé !

Cent quarante morts sur les routes !

Moi qui roule beaucoup, je n'ai jamais vu cent quarante morts sur les routes, surtout un dimanche !

Ce sont des chiffres inventés pour impressionner les automobilistes !

D'ailleurs, quand il y a des morts, en général, on ne les compte pas.

Croyez-vous que si la route faisait tant de morts, les gens s'y précipiteraient dès qu'un rayon de soleil paraît ?

Allons, allons !

Les gens ne sont pas fous !

**OPTIMISME**

Quand on est dans un avion et qu'il prend son élan, on ne peut pas ne pas être optimiste.

*

Érigeons des montagnes et exhortons les gens à y grimper, au lieu de creuser des trous et d'y pousser les gens !

*

L'optimisme délirant donne naissance à un pessimisme incurable.

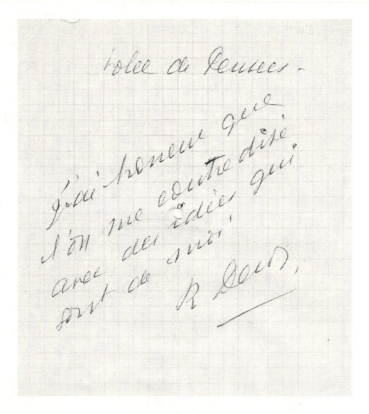

Volée de pensées

J'ai horreur que l'on me contredise avec des idées qui sont de moi.

# P

**PAROLE**

La parole est à ceux qui ne la possèdent pas.

L'huître : Vous me la baillez belle. Ma femme, c'est une perle.

Le champignon (à l'homme) : Ne m'écrasez pas avec votre pied !

La rose : Ne me cueillez pas à la fleur de l'âge !

Le pissenlit : Je suis mangé par tous les bouts.

Le raisin : Je suis rouge de colère.

La prune : On me prend pour pas grand-chose.

La poire : Je suis bonne comme la romaine.

Le citron : Vite ! Je suis pressé !

L'orange : Au jus, là-dedans !

La pomme : C'est moi !

Le petit pois : Je ne pèse pas lourd.

Le haricot : Je suis un fayot.

Le poireau : J'attends toujours.

L'asperge : J'arrose.

Le thym : J'ai bonne mine.

Le laurier : À moi les honneurs !

Le blé : Je finirai dans le pétrin.

La salade : Je vais encore me faire assaisonner !


## PATIN

Il ne faut pas confondre. Il y a patin, patin et patin.

Il y a le patin, pièce de tissu sur laquelle on pose le pied pour préserver un parquet.

– Prends les patins !

Il y a le patin à glace ou à roulettes qui amène la bûche, et le patin que l'on roule qui amène le bouche-à-bouche.

Quoique... le patin à glace, après quelques bûches, puisse nécessiter le bouche-à-bouche.

On ne peut rouler qu'un patin à quelqu'un alors que pour rouler en patins, il en faut deux !

Par contre, on peut filer un patin et rouler en patins !

On peut filer un patin à une patineuse qui en voudrait un deuxième pour patiner.

Autre similitude : on dit aussi, au lieu de rouler un patin, rouler une pelle.

On peut la prendre, la pelle, en chaussant des patins !

PÉCHÉ

Ah, je n'aime pas beaucoup les gens qui n'ont
jamais péché...

Ils ont tendance à vous jeter la première pierre !

PENSÉE

Jeune, j'avais des pensées.

Vieux, je n'ai que des arrière-pensées...

*

Celui qui pense vraiment le fait sans y penser.

*

Penser totalement à ce qu'on fait, c'est faire la
moitié de son travail.

*

À la limite, on pourrait dire que toute écriture est
automatique.

C'est la pensée qui ne l'est pas.

Le drame, c'est lorsqu'elle le devient.

*

Même la pensée s'habitue à l'obscurité.

Elle finit par s'éclaircir.

*

Transmission de pensée ?
Oui, mais sans intermédiaire !

*

Une pensée qui ne s'appuie sur rien... sombre.
Elle s'enferme sur elle-même et finit par imploser.

*

Le secrétaire perpétuel de l'Académie française m'en fera grief :
– Il manque à toutes les règles. Il place bien ses virgules mais sur les points-virgules, il est faible... On le sent qui hésite...
Savez-vous ce que c'est, monsieur, qu'une pensée sous-alimentée ?
Une pensée qui souffre de malnutrition ?
Une pensée trop tôt sevrée ?

*

Pour trouver une pensée, il faut se lever de bonne heure !
Moi, à l'heure tardive à laquelle je rentre chez moi, je n'ai plus qu'une pensée : me coucher !

*

Certains matins, je me dis en me levant :
– Voyons, à quoi vais-je penser aujourd'hui ?
Tss... c'est terrible ! Parce que depuis que j'ai l'âge de raison, je n'ai pas cessé de penser !

Je crois même finalement que j'ai pensé à tout, à tel point que je ne sais plus quoi penser !

Je n'arrive plus à penser à quelque chose que je n'aie déjà pensé...

Il y a saturation...

Pour bien faire, il faudrait que je dépense tout ce que j'ai pensé, pour le repenser différemment...

*

Penser ! J'en ai tellement pris l'habitude que je ne sais plus ce que c'est !

Je pense distraitement, en pensant à autre chose !

Quelquefois, les gens me disent :

– À quoi pensez-vous ?

– À rien !

Ça les épate. Ils me disent :

– Mais on pense toujours à quelque chose !

Je sais ! Je sais ! On peut penser à l'ordonnance de sa coiffure, à sa cravate, à ses souliers... qui, bien cirés, peuvent refléter votre caractère. Ou bien penser aux autres aussi ! Mais ça, c'est plus rare. Mais penser à rien, ce n'est pas facile.

D'ailleurs, je ne vous le conseille pas, c'est trop dangereux !

Vous n'y arriveriez pas ! Ça ne s'apprend pas ! C'est le grand luxe !

C'est un don gratuit !

Pensez ! Un homme qui ne pense à rien est très vulnérable !

Parce que la pensée des autres est là, qui le guette !

Il faut y penser à cela !

Parce que, s'il n'y pense pas, un autre va penser pour lui !

Et alors ?... Eh !... Où il va ? Hein ?

On n'a pas besoin de penser beaucoup pour être heureux !

Moi, tout en pensant normalement, sans excès... mais sans me priver non plus... j'ai réussi à mettre quelques idées de côté.

J'ai économisé suffisamment de pensées pour en avoir jusqu'à la fin de mes jours... et même au-delà !

Si bien que de là-haut... j'aurai peut-être encore une pensée pour ceux qui restent !

*

Un jour, j'ai fait un rêve insensé...

Je plantais quelques-unes de mes pensées (j'entends « idées ») dans la terre...

À ma grande stupeur, les idées ont germé...

Certaines à mon ravissement, d'autres à ma honte !

Exemple : certaines sont restées ce qu'elles étaient, de simples pensées... (Juste de quoi faire un bouquet.)

Les autres... ah, les autres... avaient déjà été pensées par d'autres...

La première pensée que j'ai plantée est sortie de terre sous la forme d'une rose.

Elle était telle que je l'espérais...

Déjà, sa jeune tige était parfumée, prometteuse...

Elle a donné, tenez-vous bien, une rose odorante, rouge, pleine de pétales !

Ah, si elle n'avait pas été déjà pensée par un autre, j'aurais été fier et heureux, que dis-je, comblé de l'avoir conçue !

J'ai compris que je n'avais qu'imité, calqué ce que la nature avait déjà inventé, avant de m'inventer moi-même.

Il ne me reste dans la tête que quelques fleurs étranges, inhumaines, déformées, imprésentables, tout juste bonnes à garnir une couronne mortuaire.

Je les garde pour moi. C'est d'une tristesse... !

## PENSÉES CRÉATIVES

Un jour, ou plutôt une nuit, j'ai fait un rêve insensé...

J'étais assis sur un banc de pierre, entouré de fleurs toutes plus belles les unes que les autres, toutes plus colorées, toutes plus parfumées...

J'étais en extase devant ces merveilles, ces chefs-d'œuvre de formes, de couleurs et de parfums.

Je me disais :

– Mais qui a inventé tout ça ? Qui les a conçues ? Qui les a programmées ?

J'en étais là de mes réflexions lorsque je vis un homme coiffé d'un immense chapeau de paille, le jardinier sans doute !

Il était en train de faire des trous dans la terre avec son index.

Dans chaque trou, il déposait quelque chose d'invisible à mes yeux, de si minuscules graines qu'elles étaient invisibles à l'œil nu.

Je m'approchai.

– Que plantez-vous là ? lui demandai-je.

– Des pensées, me répondit-il !

– Des fleurs ?

– Non, des pensées... des idées, si vous préférez ! Chaque fois que j'ai un embryon de pensée, je l'implante dans la terre, afin qu'elle germe, s'enracine puis cristallise ma pensée.

– Ne me dites pas que toutes ces fleurs que je vois autour de nous sont nées de vos pensées ?

– Hélas non ! Elles ont été conçues, alors que j'étais encore dans les limbes, par des cerveaux beaucoup plus imaginatifs que le mien ! Regardez ces belles roses ! Si je pouvais savoir qui en a eu l'idée, je lui enverrais des fleurs !

– Ici, vous n'avez que l'embarras du choix...

– Non, monsieur, les miennes de fleurs ! Toutes ces fleurs ont été créées par d'autres, des esprits surdoués. Mais moi, je voudrais apporter ma petite pièce à cet immense bouquet...

## PENSÉES MAUVAISES

Il m'arrive d'avoir de mauvaises pensées. Mauvaises au sens de médiocres. Celles-là, je les garde pour moi. Je les biffe, je les efface. Je ne donne aux gens à entendre que les bonnes. Du moins, celles que je juge comme telles.

\*

– Cher ami, il y a vraiment pour vous des choses qui sont sans intérêt.
– Lesquelles ?
– Par exemple, l'argent que je vous ai prêté...

## PEUR

Sous le coup de la peur... il sentit ses cheveux se hérisser...

Machinalement, il se passa la main sur son crâne chauve...

Il comprit alors que sa crainte était vaine.

## PHILOSOPHIE

Il y a des gens qui me disent :
– Vous dites n'importe quoi !
C'est vrai ! Et encore, je ne dis pas tout.

Il y a certaines pensées que je ne divulgue pas, que je garde pour moi.

Des pensées profondes telles que : « Être ou ne pas être exige une réponse. »

\*

Je soupçonne l'homme de prendre plaisir à se poser des questions auxquelles il ne peut répondre.

*

Le jour où un savant découvrira en observant deux mouvements atomiques que l'un est gai et l'autre triste, alors je dirai : « La science est humaine », et je commencerai à m'y intéresser en philosophe.

*

– Qu'est-ce qu'un homme vertueux ?
– C'est quelqu'un qui ne voit pas plus loin que le bout de sa vérité.

*

Lorsque les choses vont bien, il y a un laisser-aller qui ne mène nulle part.

Alors que lorsque les choses se détériorent, on s'empresse de les réparer !

On s'ingénie à faire des prouesses pour qu'elles aillent bien jusqu'à un laisser-aller qui ne mène nulle part.

Et on recommence...

*

Pas d'indulgence vis-à-vis des autres sans rigueur envers soi-même.

## PHYSIQUE

Je ne sais pas si je pourrai garder mon ventre.
Il est frappé d'alignement.

*

Je connais un boxeur célèbre. Il n'aime pas recevoir des coups. Il me l'a dit :

– Non seulement j'ai horreur de recevoir des coups mais je déteste en donner.

– Pourquoi êtes-vous devenu boxeur ?

– Vous avez vu le physique que j'ai ? Le nez aplati, les pommettes écrasées, les oreilles en chou-fleur ! Je ne pouvais pas faire autre chose !

## PLUIES

Récemment, des gens viennent me voir sous une pluie battante.

Ils me disent :

– C'est curieux. Il ne pleut que chez vous. Aux alentours, le temps est magnifique.

Parce que je m'offre des pluies dont personne ne veut sauf les paysans, mais eux ils ne veulent pas payer.

Je paye en liquide. De temps en temps, je m'offre une petite ondée.

## POING

Quand les communistes brandissent le poing fermé, ils ne se rendent pas compte qu'ils enferment le *v* de la victoire à l'intérieur.

## POLITIQUE

Je ne me suis jamais engagé. Et comme je suis de nulle part, on me met partout.

*

Les chauffeurs de taxi sont redoutables. J'en ai connu un qui, en passant devant les Invalides, s'est exclamé :

– On dit que Napoléon a ruiné la France avec ses guerres et ses conquêtes mais depuis qu'il est enterré ici, il rapporte encore 3 euros par tête de pipe. Mettez-y un de ceux qui nous gouvernent, il ne fera pas un rond !

*

Le politicien :
– Qu'est-ce que vous voulez au juste ?
La baisse des prix ?
Allez, vous l'avez !
La contraception ?
Allez, vous l'avez !

La réforme scolaire ?

Allez, vous l'avez !

La réforme agraire ?

Allez, vous l'avez !

La réforme fiscale ?

Allez, vous l'avez !

Le bien-être ?

Allez, vous l'avez !

Conclusion : avec tous ces « Allez, vous l'avez ! », on est propres !

*

Le concertina, c'est l'instrument de l'alternance par excellence.

Quand on appuie à droite, ça souffle à gauche, et quand on appuie à gauche, ça siffle à droite.

Et à l'intérieur... c'est du vent !

*

Comment voulez-vous que l'on fasse l'unanimité ?

Personne ne vote de la même façon.

Il y en a qui votent à main levée, la droite.

La gauche vote à poing fermé.

Le centre à point nommé.

Cela dépend des caractères.

Certains Corses votent à main armée.

Les espions à bulletin secret.
Et moi, je vote tête baissée.

*

Changement de climat et d'orientation politique : quand le soleil décline, c'est la lune qui brille pour tout le monde.

*

Dimanche, on va voter entre deux candidats.
Il y en a un, c'est Dieu.
L'autre, c'est le Diable.
Si c'est le Diable qui est élu, on n'aura plus qu'à prier le bon Dieu !

*

Souvent, nous lisons dans la presse qui n'est pas tendre – comme chacun sait :
« L'opposition n'a pas été tendre avec le gouvernement. »
« Le gouvernement n'a pas été tendre avec les syndicats. »
« La police n'a pas été tendre avec les manifestants. »

Il ressort de tout cela que... finalement... nous manquons de tendresse !

*

L'Europe verte n'est pas mûre.

**POMPIERS**

Quand, après avoir éteint un incendie, je rentre à la maison et que ma femme me demande de rallumer le feu, j'ai l'impression que ce que j'ai fait dans la journée n'a servi à rien !

*

À une époque où il y avait pénurie de bois, lorsque le feu menaçait de s'éteindre, les primitifs appelaient les pompiers.

Les pompiers arrivaient.

Les primitifs criaient :

– Au feu les pompiers !

Et ils les jetaient dans le feu !

Et le feu reprenait !

*

Conversation entre deux pompiers :

– Le feu s'est éteint...

– C'était un quoi ?

– C'était un feu !

**PORTES**

J'adore les portes fermées.

J'imagine toujours qu'il y a des gens « bien » derrière.

*

Pourquoi faut-il qu'une porte soit ouverte ou fermée ?

Parce que lorsqu'elle est entrebâillée, on s'ennuie !

**PORTIER**

X a présenté à Z une réalisation audacieuse.

Z fait la fine bouche et tandis que X le raccompagne jusqu'à la porte :

– Monsieur, vous nous avez ouvert des portes. Ce que vous avez fait est raté mais, grâce à vos idées, à vos audaces... oui, vous nous avez ouvert des portes !

X (tendant son chapeau) :

– N'oubliez pas le portier !

**POUVOIR**

Celui qui peut, ne le veut pas toujours.

**PRESSE**

Une personnalité qui rate son suicide est aujourd'hui la proie des journalistes et se fait souvent assassiner sous leur plume.

232

## PRISE EN CHARGE

Je suis un travailleur.

Moi, je charge des paquets toute la journée.

Donc, je travaille...Vous comprenez ?

Quand j'ai fini de charger, j'attends... qu'on me prenne en charge !

Nourrissez-moi !

Portez-moi !

Trimballez-moi !

Reposez-moi !

Baignez-moi !

Séchez-moi !

Bichonnez-moi !

Sinon je gueule !

Et quand je dis que l'on me prenne en charge, je sous-entends... toute ma famille ! Je ne suis pas égoïste.

Sinon, eux aussi ils vont gueuler !


## PRISON

On avait dit au prisonnier :

– Quand l'heure de ton évasion aura sonné, tu scieras les barreaux de ta prison. Puis, appuyée au mur, tu trouveras une échelle, etc.

Le prisonnier, dans sa hâte de retrouver la liberté, a bien scié les barreaux de sa geôle mais il a aussi scié les barreaux de l'échelle...

Cette perte de temps lui a valu d'être repris...

**PRIX**

Je ne suis pas un homme d'affaires.

Je me suis vendu pour pas cher et quand j'ai voulu me racheter, je me suis payé un prix fou.


**PUBLICITÉ POUR RIRE**

Le mort, couché dans le cercueil, se redresse, rote et dit :

– Bonne bière !

Puis il se recouche.

Le croque-mort :

– Enfin, un connaisseur !

## Pensées

Il y a des gens qui me disent : « Vous dites n'importe quoi ! »
C'est vrai !

Et encore, je ne dis pas tout. Il y a certaines pensées que je
ne divulgue pas... que je garde pour moi. Des pensées profondes
telles que :

– être ou ne pas être... exige une réponse,
– celui qui pense vraiment le fait sans y penser,
– croire aveuglément demande réflexion.

## Pensées

Jeune... j'avais des pensées. Vieux, je n'ai que des arrière-pensées.

### Obscur raisonnemenent (ou) Naïf raisonnement

Le soleil se lève au levant, le jour aussi. C'est pour cela que l'on peut voir le soleil se lever.

# Q

## QUESTIONS

Ne vaut-il pas mieux poser des questions qui n'ont pas de sens et s'efforcer d'y répondre avec bon sens que de continuer de poser des questions qui sont pleines de sens mais qui ne comportent pas de réponses ?

Je vous pose la question mais je n'attends rien de votre réponse !

*

Pourquoi une bouteille de champagne fait « pschit ! » quand on la débouche, alors qu'une bouteille de Pschit ne fait pas « champagne ! » quand on la débouche ?

C'est d'une injustice déflagrante.

*

– Puis-je vous poser quelques questions ?
– Je vous en prie.

– À quel endroit ? À quel moment ? De quelle manière ? Par quel moyen ? Pour quelle raison ? Dans quelle intention ?

– Vous voulez tout savoir, vous !

\*

Un journaliste :
– Quelle est la question que vous voudriez que l'on vous pose ?

– C'est la question que je me pose.

\*

À question à tout, réponse à tout !

\*

Une foule, cela fait combien d'hommes ?

# R

**RAISON**

Maintenant, ce n'est plus le langage de la raison, mais le langage de la rançon.

**RATÉ**

Quand on est un raté, qu'est-ce que l'on peut faire qui ne le soit pas ?

Du karaté !

C'est facile, il n'y a qu'à rater !

**RÉEL**

Se divertir, c'est s'éloigner (s'évader) des lois du réel.

*

Je me défends du réel comme de quelqu'un qui voudrait mettre la main sur moi.

Ce quelqu'un, ne serait-ce pas, en fin de compte, la camarde ?

*

Voici l'exemple que donne Freud du comique né d'une faute de raisonnement.

A a emprunté à B un chaudron de cuivre. Lorsqu'il le rend, B se plaint de ce que le chaudron a un grand trou qui le met hors d'usage.

A se défend de cette manière :

– *Primo*, je n'ai jamais emprunté de chaudron à B. *Secundo*, le chaudron avait un trou lorsque je l'ai emprunté à B. *Tertio*, j'ai rendu le chaudron intact.

En conclusion : qu'est-ce que vous voulez répondre à cela ?

### RÉFLEXION ÉTRANGE

En Russie, si des gens cachent tant de choses à tant de gens, c'est pour que l'on ne sache pas que, derrière les choses, ils cachent tant de gens...

Signé : Jean Chose.

\*

Naïf raisonnement.

Le soleil se lève au levant. Le jour aussi.

C'est pour cela que l'on peut voir le soleil se lever !

### RELATIVITÉ

Il n'y a pas plus piéton qu'un automobiliste.

Entre l'endroit où il réussit à garer sa voiture et celui où il doit se rendre, quel trajet !

\*

Suivant les objets auxquels on le compare, l'homme apparaît grand ou petit.

Exemple : par rapport à une montagne, j'ai la taille d'une puce...

Et au regard d'une puce... je suis grand comme une montagne !

C'est pourquoi j'ai toujours une puce sur moi... qui me sert d'élément de comparaison.

Dès que je vois une montagne, je sors ma puce... et je la contemple !

Et j'observe que, dès que la puce me voit, elle sort un microbe qu'elle a toujours sur elle qui lui sert d'élément de comparaison, et aux yeux duquel elle doit passer pour une montagne !

Je n'ai qu'une crainte : c'est que la puce laisse tomber son microbe, que le microbe me tombe dessus et que moi, j'en tombe malade !

Tout se tient.

Cela dit... un microbe... hein, il ne faut pas s'en faire une montagne !

*

Mesdames et messieurs, bonsoir !

Je suis venu pour vous prévenir qu'il faut garder ses distances.

Il faut se méfier des illusions d'optique. Regardez-moi, par exemple !

De loin, je ressemble à Devos alors que de près, Devos est beaucoup plus fort que moi... et de loin ! Ce qui tendrait à prouver que de loin, la ressemblance est assez proche alors que de près, elle est assez lointaine !

Il faut savoir garder ses distances.

Par exemple, à la campagne, vous ne reconnaissez un pré que de loin.

Parce qu'un pré, de près, c'est de l'herbe !

Alors que si vous reculez un peu, de loin, vous vous apercevez que c'est un pré.

Il faut savoir garder ses distances, mesdames et messieurs.

## RELIGION

Croire aveuglément demande réflexion.

Supposez que j'aille voir le curé de ma paroisse en lui disant :

– Cette nuit, Dieu m'est apparu.

Que va-t-il dire ?

– Asseyez-vous, cher Devos, détendez-vous !

Il va aller dans la pièce voisine et téléphoner chez moi.

– Raymond est ici et j'ai l'impression qu'il n'est pas bien !

*

– Il est chrétien ?

– Oui, mais... il n'est pas catholique !

– Comment cela ?

– Il entretient des rapports diaboliques avec Dieu !

\*

Le prêtre est le critique des états d'âme.

\*

Le problème de la religion préoccupe fort les gens... s'il ne les obsède.

Récemment, un monsieur vient vers moi.

– Je cherche, me dit-il, une force surnaturelle... qui éventuellement aurait pitié de nous et dont la miséricorde se traduirait par des grâces, des faveurs... voire des miracles... sur le plan temporel... Vous voyez ce que je veux dire ?

Je lui dis :

– Oui ! Vous avez besoin d'assistance divine, quoi ?

– C'est cela même.

Je lui dis :

– Écoutez... il y a une église qui n'est pas loin. Vous y trouverez peut-être ce genre d'appui. Mais je ne vous garantis rien.

## Rentrée (parisienne)

– Vous ne faites jamais de rentrée ?

– Non !

– Pourquoi ?

– Parce que je ne fais jamais de sortie !

\*

– Vous avez fait cinquante galas avant Paris. Pour vous, la capitale, c'est important ?

– Vous savez, pour moi, Paris, c'est comme ailleurs. Tous les soirs, je fais des paris.

## Restaurant

– Garçon, une raie au beurre noir, s'il vous plaît !

– Vous savez... je ne sais pas si à cette heure-ci...

– Insistez auprès du chef !

– Vous savez... le chef n'est pas accommodant !

– Insistez tout de même !

– Bon ! Je vais voir...

Deux minutes plus tard, le garçon revient avec un œil au beurre noir.

– Ce n'est pas ce que je vous ai demandé !

– Je sais, monsieur, mais il n'y a plus de raie !

## Rêves

Le rêve est une prise de subconscience.

\*

244

Il paraît que l'on vient des mers, que l'on a commencé par être un cœlacanthe...

Ça fait rêver !

\*

Lambeaux de rêves !

Le poète en haillons ne se souvient que de lambeaux de rêve.

\*

L'un de mes rêves serait de jouer au ralenti. Parce qu'en ralentissant le mouvement, on voit mieux ! Par exemple, je voudrais dire aux gens :

– Mesdames et messieurs, je vais vous faire un clin d'œil au ralenti !

Car un clin d'œil, c'est charmant, mais ça va trop vite ! Pour peu que la personne à qui vous le destinez soit distraite ou ferme les yeux à ce moment-là, votre clin d'œil lui échappe !

**RICHESSE**

Dès que l'homme vit intelligemment, il vit audessus de ses moyens !

\*

Si on ne prête qu'aux riches, il n'y a qu'aux riches qu'on emprunte !

\*

Oyez, oyez, gens de bonne fortune !

Si vous n'avez pas le courage de faire la révolution, faites-la faire par un pauvre ! Il y a intérêt !

\*

Pour gueuler : « À bas l'argent ! », il faut avoir du coffre !

\*

Mon vœu le plus cher ?

Il restera encore longtemps mon vœu le plus cher, car mon vœu le plus cher est au-dessus de mes moyens !

**RIDEAU DE SCÈNE**

Le rideau de scène n'est pas un rideau...

C'est un mur... mou !

**RIDICULE**

On dit que le ridicule tue. C'est vrai !

Je connais un type qui, devant un autre, a sorti son ridicule...

L'autre est tombé raide !

\*

Si le ridicule tuait vraiment, pourquoi y aurait-il autour de nous tant de gens bien portants ?

\*

Avant, le ridicule tuait. Plus maintenant. Qu'est-ce qu'on sauve depuis comme vies !

Il n'y a pas que la ceinture de sécurité qui diminue le nombre de tués !

*

Quand on n'a pas le sens du ridicule, on est grotesque !

## RIEN

Moi, lorsque je n'ai rien à dire, je veux qu'on le sache !

Je veux en faire profiter les autres !

*

Si vous demandez à un ignorant :
– Qu'est-ce que rien ?
Il vous répondra bêtement ;
– C'est rien !
Alors que rien, dans un langage soutenu, c'est une substance imaginée de quantité nulle. C'est déjà un langage de robot.

## RIRE

Le sourire est l'amorce du rire.

*

Le rire, c'est le contrepoids de l'intelligence.
En contrepoids de mon esprit, l'intelligence...
Heureusement, j'ai mes fesses...

\*

Le divertissement est une profession légère que l'on doit exercer d'une manière extrêmement sérieuse.

\*

L'homme ne peut échapper aux contraintes qu'il s'impose que par le rire.

\*

On s'est souvent mépris sur le sens de la phrase : « Le rire est le propre de l'homme. »
Cela veut dire que, s'il y a quelque chose de propre chez l'homme, c'est le rire !

\*

Qui prête à rire n'est pas sûr d'être remboursé.

\*

Le rire, c'est une réplique. La plus belle d'entre toutes.

\*

Pour rire ensemble, il faut avoir décelé les mêmes pièges, les mêmes travers, les mêmes faiblesses et les reconnaître ensemble.

Le rire, c'est presque une gigantesque autocritique.

\*

Quand on ne peut plus rire d'une situation, elle devient inquiétante.

La vraie sonnette d'alarme est la sonnette du rire.

Le paradoxe est donc là : le rire est le propre de l'homme et s'il ne peut plus s'en servir, sa condition devient alarmante.

\*

Une journée sans rire, c'est une journée morte.

\*

Plus j'avance dans la vie, plus j'estime qu'il n'est vraiment pas sérieux de manquer d'humour.

\*

Le rire, c'est le contraire du fanatisme.

\*

Raconter une histoire, tout le monde peut le faire.

Mais raconter une histoire qui fasse rire, ça, c'est une autre histoire !

*

Quand on attend un rire qui ne vient pas, c'est un silence terrible !

C'est comme si on ratait une marche. C'est la même surprise, la même stupeur !

Ou comme lorsqu'on croit que l'escalier est fini alors qu'il y a encore une marche, il y a une secousse !

Tout l'organisme s'attendait à ce qu'il y ait une marche et d'un seul coup, c'est l'interdiction !

C'est atroce.

*

Il y a des rires tabous... et pourtant... pourtant il faudrait rire du racisme, cela voudrait dire qu'on l'a déjà un peu maîtrisé.

Il faudrait rire des grands problèmes, il ne faudrait même rire que de ça, parce que c'est de ça que l'on a le plus besoin de rire.

Il y a des sujets tabous et dont il faudrait pourtant venir à bout !

*

Moi, l'amuseur, je prends vos soucis et j'en fais une histoire.

Si je parviens à vous amuser avec cette petite histoire, je vais vous en soulager parce que ces soucis, je les ai pris en charge momentanément.

Voilà la grande justification du comique.

Voilà ma justification.

\*

L'artiste qui fait pleurer peut entendre des gens renifler, en voir d'autres sortir leurs mouchoirs.

Le rire, lui, c'est un phénomène immédiat sur lequel on ne peut se méprendre.

Si quelqu'un sort son mouchoir, on peut évidemment penser qu'il va pleurer, mais il peut tout aussi bien être enrhumé.

Tandis que dès que les gens rient, c'est que le miracle s'est produit.

Un rire cela s'entend. C'est le verdict, sans sursis.

Un drame peut très bien se passer dans un silence de mort. Mais un *rire de mort*, ça n'existe pas !

\*

Le fou rire.

C'est un rire double.

Nous rions de quelque chose et il y a encore autre chose qui vient s'ajouter à notre rire.

Tant et si bien que nous rions de notre propre rire. Cela devient hystérique.

*

Un texte comique écrit pour amuser ne tient que par les rires qu'il provoque.

*

Peut-être qu'en riant, on se vide d'une certaine amertume, et surtout d'un certain quant-à-soi, d'une raideur...

Je crois qu'en riant, on élague un tas de choses gênantes.

Il y a une clairvoyance dans le rire.

*

Quand j'écris un sketch, je ris.

Quand je le joue, je ne ris plus, ce sont les gens qui rient à ma place.

Et leur rire ressuscite mon rire défunt. Voilà ma récompense !

*

Quand je suis face à la mer, je ris. Mais c'est un rire de joie, de satisfaction, de contentement de vivre.

Car il n'y a pas que le rire comique, et heureusement d'ailleurs. Il n'y a pas que le comique provoqué par le ridicule des hommes.

Il y a le rire de l'enfant, simplement parce qu'il est heureux de vivre.

Il y a aussi le sourire, qu'il ne faut pas oublier. Le rire, c'est franc et massif, mais il y en a, des formes de sourires ! Il y a le sourire d'accueil, c'est un sourire très important. Il y a le sourire poli aussi, beaucoup plus froid.

Et puis, il y a le rire sardonique.

Quant au rire du chatouillement... c'est un rire très mystérieux ! Pourquoi rit-on quand on vous chatouille ? Il n'y a pas d'explication très précise, mais c'est un fait. Le plus extraordinaire, c'est qu'on ne peut pas se faire rire en se chatouillant soi-même. Il faut que ce soit quelqu'un d'autre. C'est assez étonnant ! Ou alors, recourir à un objet. Une plume, par exemple. Vous prenez une plume, vous vous chatouillez et vous riez.

On pourrait vendre des plumes qui amusent, des plumes pour faire rire ! On n'aurait plus besoin, nous autres comiques, d'inventer des monologues pour amuser les gens. Je me mettrais dans un coin de rue et j'ouvrirais mon éventaire rempli de plumes. Je dirais :

— Mesdames et messieurs, achetez des plumes qui font rire !

Et les gens, chez eux, se chatouilleraient quand ils en auraient envie. Ça simplifierait tellement les choses !

Tandis que moi, je suis préoccupé, je cherche des sujets pour amuser les gens... ce n'est pas facile ! Car je crois que le rire le plus difficile à pratiquer, c'est le rire comique.

*

Le rire salvateur.

Un jour, on sonne à ma porte. Je vais ouvrir.

Un type se précipite dans mes bras :

– Merci, monsieur !... Vous m'avez sauvé la vie !

– Comment ça ?

– Eh bien, pas plus tard qu'hier, j'étais à l'article de la mort... J'étais sur le point de rendre mon dernier soupir... Rah... je l'avais déjà amorcé lorsque, d'une radio voisine, je vous ai entendu raconter une histoire drôle, drôle, mais tellement que j'en ai eu le souffle coupé. Je me suis mis à éclater de rire... J'étais sauvé. Je viens donc vous témoigner toute ma reconnaissance. Merci, monsieur !

– Merci, monsieur !

– Au revoir, monsieur !

Six mois plus tard, on sonne à nouveau. Je vais ouvrir...

C'était le type à qui j'avais sauvé la vie. Il suffoquait !

– On ne vous entend plus beaucoup à la radio, ces temps-ci. Vite, faites-moi rire ! Je suis en manque de

Ha ! Ha ! J'ai mon dernier soupir qui me reprend...
Rah ! Au secours ! À l'aide ! Donnez-moi une pinte
de bon sang ou je meurs !

Aussitôt, je lui raconte une histoire toute fraîche.

– Ha ! Ha ! Je renais, me dit-il entre deux éclats de
rire ! Merci ! Vous êtes mon bienfaiteur.

Six mois après, comme je sortais de chez moi, je
bute sur le même type qui était en train de rendre son
dernier soupir sur mon paillasson. Rah ! Rah ! De
toute urgence, je lui raconte une histoire drôle...

Aussitôt, il se remet sur ses pieds.

– Encore merci pour vos bons soins !

– Au revoir, monsieur ! À la prochaine !

Ça a duré des années.

Il me poursuivait partout de son dernier soupir.

Combien de fois l'ai-je ranimé avec une histoire
drôle ?

Tout mon répertoire y est passé.

Si bien que la dernière fois qu'il est venu me deman-
der de le faire rire, pris de court, je lui ai raconté sa
propre histoire... celle que je viens de vous conter...

Il a fait :

– Ha !

Ce fut le dernier !

Il était mort de rire.

Heureusement qu'il ne connaissait pas la chute de
son histoire !

Je suis un homme de parole(s).

# S

**SANTÉ**

J'ai appelé mon médecin :

– Docteur, j'ai besoin de vos lumières...

Quelques jours plus tard, il m'a apporté une boîte d'ampoules.

*

Mon médecin m'a dit :

– Vous mangez trop. Regardez le lion, il mange uniquement quand il a faim. La girafe, c'est pareil.

Mon médecin veut que je mange comme une bête !

*

Ce matin... j'avais des inquiétudes sur ma santé... une espèce de pressentiment...

Pourtant, je m'étais levé du bon pied.

J'avais pris mon petit déjeuner comme d'habitude, puis un bain, normalement !

Ensuite, j'ai ouvert mon journal... et j'ai lu qu'un type était mort subitement !

Pourtant, le matin, ce type s'était levé du bon pied.

Il avait pris son petit déjeuner comme d'habitude, puis un bain normalement !

Et c'est en ouvrant son journal... qu'après avoir poussé un dernier soupir...

Aussitôt, j'ai refermé le journal et j'ai fait :

– Ouf !

Je l'avais échappé belle !

*

J'ai eu quelques petits soucis de santé. Je ne voulais pas m'être fêlé deux côtes pour rien.

J'en ai fait un sketch.

*

Je ferais bien de disparaître assez vite si je ne veux pas abîmer mon image de marque.

## SAVOIR

Le savoir, ça ne sert à rien..

Mais... il faut le savoir !

Signé : X

*

Il ne faut pas proposer aux gens ce qu'ils savent.

*

Le non-savoir a des vertus que les gens qui possèdent le savoir ne connaîtront jamais.

*

Je ne suis jamais sûr d'avoir compris ce que j'ai compris sans savoir.

*

C'est très intéressant l'avis d'un homme qui n'y connaît rien !
On ne parle bien que de choses qu'on ne connaît pas !

*

L'eau, que l'on boit, la rafraîchissante, savez-vous de quoi elle est faite ?
De deux volumes d'hydrogène et d'un d'oxygène !
Quand il pleut, il vous tombe dessus deux volumes d'hydrogène et un d'oxygène !
Deux grammes d'hydrogène et seize grammes d'oxygène !
On se baigne dans de l'HO et on ne le dit pas !
La baignade dans de l'$H_2O$ devrait être interdite.

Les larmes que l'on verse, savez-vous ce que c'est ? De l'eau.

Je pleure de l'$H_2O$.

Et moi, savez-vous ce que je suis, au bout du compte ?

Le résultat d'un nombre multiplié par lui-même ! Voilà ce que je suis !

Et il n'y a pas que moi. Vous aussi, vous êtes du nombre...

Nous sommes nombreux à n'être que des nombres !

Croissez et multipliez !

*

Chez moi, je ne sais pas comment on ferme le gaz...

Je sais comment on l'ouvre, mais comme je ne sais pas comment on le ferme...

Je ne l'ouvre jamais.

*

Jadis, alors que je ne savais rien, je comprenais beaucoup de choses.

Aujourd'hui que je sais beaucoup de choses, je n'y comprends plus rien.

Allez savoir pourquoi ?

*

Au vieux savant dont le crâne énorme contient tant de choses, on lui annonce qu'il ne sait rien.

– Quel espoir vous me rendez, s'écrie-t-il !

*

Le professeur.

Moi, ma méthode, c'est : « Enfoncez-vous bien ça dans la tête ! » D'ailleurs, j'ai là un élève qui peut témoigner de l'efficacité de mon enseignement.

– Entrez, mon petit !

Mon petit entre, la tête pleine de bosses.

*(Le professeur :)*

– Que pouvez-vous dire à propos de ce que vous avez appris ?

– Je sais.

Vous voyez ? Il sait.


## Secret

Les carpes ne sont pas toujours muettes et quand elles ne le sont pas, elles se disent aveugles.

*

– Je n'ai rien à cacher !

– Oui ! Mais faites en sorte que l'on ne découvre pas ce *rien* que vous ne cachez pas !

**SERVICE RENDU**

Les gens sont toujours prêts à ce qu'on leur rende service. Il faut faire attention.

Si vous dites à quelqu'un :

– Est-ce que je peux vous rendre service ?

Il ne vous dira pas non. Il vous dira oui sans vergogne !

Ensuite, quand vous l'aurez rendu, ce service, il estimera ne rien vous devoir.

Parce que, paradoxalement, un service rendu, il est rendu par celui qui donne !

\*

Rendre service peut parfois être héroïque.

On peut décorer quelqu'un pour service rendu !

**SILENCE**

Un silence...

Un silence tel que j'ai vu passer trois anges qui dansaient autour de moi...

Un ange, passe encore, mais trois !

C'est vous dire si le silence était dense !

\*

Avez-vous déjà eu le loisir d'observer un profond silence ?

## SOCIÉTÉ

On ne peut plus rire des travers de personnages comme à l'époque de Molière, parce que les personnages sont affaiblis. Il n'y a plus d'Avare, il n'y a plus de Tartuffe.

Un avare, c'est devenu un radin, et un tartuffe, c'est un petit hypocrite qui ment comme tout le monde.

*

Je suis contre la société autant que vous !

Sans trop penser que... la société, c'est vous ! C'est moi !

Si bien qu'en tapant sur elle, c'est sur vous, sur moi, que je tape !

## SOI

Bien se connaître est déprimant.

*

Pour que l'on vous reconnaisse, il faut d'abord être soi-même.

Parce que si vous n'êtes pas vous-même, on vous prendra pour quelqu'un d'autre et l'on ne vous saluera pas.

À moins que ce quelqu'un d'autre soit connu !

Mais les vrais artistes n'aiment pas que l'on reconnaisse en eux le mérite d'un autre.

*

Malheureusement, on ne peut sortir de soi-même.
On peut être un autre en pensée, en imagination.
On ne peut pas l'être physiquement.
On est tributaire d'un physique.
Pour certaines personnes, c'est un drame de ne pas avoir un physique qui corresponde à son moral.

*

Je ne me suffis plus à moi-même.
Il faut que je (me) trouve quelqu'un d'autre !

*

Si les gens m'aiment, c'est parce qu'ils sentent que je les aime.

*

Je suis un solitaire qui a besoin de compagnie.

*

Dresser une bête de théâtre.
Lorsqu'il s'est agi de me dresser, j'avais le choix entre deux méthodes : le dressage dit en férocité ou le dressage en douceur.
Avec quelqu'un d'autre que moi, j'aurais peut-être employé la férocité...

Mais connaissant ma personne mieux que qui-
conque, j'ai préféré me prendre par la douceur.

## SOIF

Comme il buvait sec, il avait toujours soif.

## SOMMEIL

Il y a des choses que l'on pourrait faire soi-même
et que l'on fait faire par d'autres.

Son lit, par exemple !

On devrait faire son lit soi-même.

« Tel on fait son lit, on se couche », c'est bien
connu !

Or rares sont ceux qui font leur lit. Ils le font faire
par n'importe qui !

C'est-à-dire qu'ils se couchent tels que... tels que
les autres ont fait leur lit.

C'est ce qui me traversait l'esprit, l'autre nuit,
alors que je cherchais vainement à m'endormir.

*

J'ai voulu faire une étude sur l'insomnie.

Le thème me fascinait !

Je n'en dormais pas la nuit !

« Qu'est-ce qui provoque l'insomnie ? »

Très vite, j'ai compris que l'insomnie provenait du
fait que le sujet ne trouvait pas le sommeil.

Las !

Chaque fois que je le trouvais... alors que je m'apprêtais à le décrire, je m'endormais... ce qui, évidemment, m'éloignait du thème initial... qu'est l'insomnie...

## SORT

Pourquoi dit-on toujours un mauvais sort et jamais un bon sort ?

*

Méfiez-vous des gens qui jettent des sorts !

Ils sont mauvais.

Il est évident que s'ils étaient bons, ils les garderaient pour eux !

*

J'ai connu un type qui jetait comme ça un tas de mauvais sorts.

Et puis un jour, par inadvertance, il en a jeté un bon !

Quand il s'en est aperçu, il est allé fouiller dans le tas de mauvais sorts qu'il avait jetés... et il l'a récupéré.

Mais... ce n'était pas le bon !

## SOURD

Dire à un sourd « Fais comme tu l'entends ! » est une erreur de psychologie.

**SPECTATEUR**

Ce n'est pas tellement à la tête des gens qu'il faut s'adresser. C'est à leur esprit, à leur cœur. Il y a des choses que les gens ne peuvent comprendre qu'avec leur cœur, même si elles sont largement élaborées. Je vais même plus loin : je dis que si les gens, oubliant leur sensibilité, cherchent à comprendre, ils ne comprendront pas du tout. Mais s'ils se contentent de ressentir, je crois qu'ils comprendront, après. Il ne faut pas décrire, expliquer... Il faut secouer.

\*

Il y a des auditeurs qui ne rient jamais, tout en vous disant :

– Comme c'est drôle !

Ils ont souvent de grands fronts. Ils viennent me voir, très admiratifs, et me disent :

– Vous savez, je ne ris pas de ce que vous faites parce que, moi, je trouve que ça va beaucoup plus loin !

**SPORTS**

On demande au boxeur :

– Racontez-moi votre match.

– Ben ! Je lui ai bourré la gueule, quoi !

– Vous vous y êtes pris comment ?

– Ben, je lui ai bourré la gueule.

– Mais l'autre n'a pas réagi ?

– Si ! À un moment, il m'a bourré la gueule, quoi !

– Et ça a fini comment ?

– Ça a fini que je suis allé me bourrer la gueule !

## STATION-SERVICE

J'ai fait cette constatation ahurissante : une station d'essence... c'est moins beau qu'un bureau de tabac... mais c'est plus beau qu'une pharmacie !

En tout cas, grâce à la crise du pétrole, j'ai découvert la beauté architecturale des stations-service.

Avant la crise, je les regardais d'un œil distrait.

Souvent, je passais devant, tête baissée !

Parfois, je m'arrêtais... pour faire le plein, comme tout le monde.

Et puis, j'ai vu des touristes qui faisaient la queue devant une station-service.

Tiens ? Elle est peut-être classée !

Et j'ai fait comme tout le monde. J'ai visité.

Grâce à la crise, je les ai vues d'un autre œil.

La beauté d'une station d'essence... la sobriété des lignes...

La légèreté de son matériau...

Le rapport harmonieux entre ses éléments, tout concourt à faire de la station-service un poste avancé de l'architecture moderne.

Et je ne parle pas du décorum, des illuminations !

Des petits drapeaux qui donnent à l'ensemble de la station un petit air de fête !

Moi, j'y vais pour faire le plein... d'optimisme !

Quand ça ne roule pas très bien, je vais y faire un petit tour. Et ça me regonfle !

C'est un véritable centre d'accueil !

Il faut voir le pompiste dans ses œuvres. Tous les matins, il cire ses pompes !

Il y a un pognon fou là-dedans, en liquide.

J'ai déniché, en visitant les stations de Chamonix, un super Shell perdu dans la montagne. Splendide !

Il faut avoir vu l'Antar du Mont-Saint-Michel !

Qui n'a pas vu le Elf Côte d'Azur ne sait pas ce que c'est qu'un centre d'accueil !

Cet été, je vais faire tout le circuit Esso de la vallée de la Loire !

Je ne veux pas manquer ça !


## SUPERSTITION

Les gens superstitieux croient que passer sous une échelle, cela porte malheur.

Oui, si l'échelle est en métal.

Mais si l'échelle est en bois, il suffit de la toucher en passant dessous !


## SURRÉALISME

Vous savez qu'il y a une musique surréaliste ?

Il n'y a pas qu'une peinture surréaliste...

Je vais vous jouer un petit morceau surréaliste qui s'appelle *La Paresse*.

*(Il se couche, les deux coudes sur le clavier, provoquant une certaine cacophonie.)*

Merci beaucoup !

Un autre morceau intitulé *Fin de morceau.*

*(Il referme le couvercle du piano.)*

Clac !

Ouverture... *(Il ouvre le couvercle.)*

Fermeture... *(Il le ferme.)*

*(Le rouvrant.)*

Vous avez vu ce virtuose, ce grand pianiste qui a donné un concert pour la sauvegarde des éléphants ?

Vous n'avez pas vu ça ?

Au milieu du concert, il a réalisé que les touches... étaient recouvertes d'ivoire...

Alors, il a plaqué un dernier accord et il est allé en Côte d'Ivoire pour y prendre leur défense !

# T

**TÉLÉVISION**

La télévision m'avait demandé d'être l'invité surprise d'une grande émission sur le destin d'un artiste de très grand talent que j'admire beaucoup et que j'aime pour ses qualités humaines.

J'avais accepté avec joie. Lorsque, le jour de l'enregistrement, je me suis présenté au studio, on s'est précipité sur moi...

– Vous êtes l'invité surprise ?

– Oui !

– Passez ! Venez par ici ! Surtout qu'on ne vous voie pas ! Suivez-nous !

Ils m'ont fait passer par d'innombrables couloirs, descendre des escaliers, en remonter d'autres... enfin, ils m'ont ouvert la porte d'une loge, m'y ont poussé presque...

– Surtout, n'en sortez pas avant que l'on ne vous appelle ! N'oubliez pas que vous êtes l'invité surprise ! De toute façon, ce ne sera pas long. Vous passez en début d'émission.

271

Ils sont sortis, ont refermé la porte et j'ai attendu patiemment... trois heures !

De temps en temps, le coiffeur entrait :

– Vous n'avez pas besoin d'un petit coup de peigne ?

– Non, non ! Ça va !

– Il y a un peu de retard, mais ce ne sera pas long !

Trois heures, j'ai attendu, entrecoupées de :

– Vous n'avez pas besoin d'un petit coup de peigne ?

Enfin, quelqu'un est venu, est entré :

– Vous pouvez sortir. L'émission est terminée. Il n'y a plus de danger !

Je suis sorti ouvertement par la grande porte. Personne ne m'avait vu. C'était réussi !

Je n'ai compris qu'après coup que la surprise, c'était pour moi !

*

Quand je fais de la télévision, même si le succès est au rendez-vous, je ne me sens pas comblé.

Il faudrait que tous les téléspectateurs m'envoient un *satisfecit*.

Car même si je reçois dix petits mots qui me disent « C'était très bien », cela ne me suffit pas.

Qu'ont pensé les autres ?

*

Le présentateur à l'invité :
– J'ai réuni tous vos amis.
– Ah ! Voulez-vous me les présenter ?

*

Les rires enregistrés, c'est la caricature du rire. Une imposture.

## TEMPS

On dit que le temps passe. C'est faux. Le temps est immobile.

C'est nous qui passons !

*

Jadis, le *temps qui passe*, on le voyait passer.
De nos jours, le temps qui passe, c'est du passé.

*

C'est quand on se met à prendre conscience du temps qu'il paraît long.

Il ne passe pas, il faut le subir, on s'ennuie.

L'homme a beaucoup de mal à être heureux parce qu'il ne peut jouir du temps présent.

*

Le temps de lire le journal du jour... c'était déjà demain.

*

Hier, j'ai passé ma journée à essayer de séparer l'ivraie du bon grain...

J'ai perdu mon temps !

*

Je bavarde avec une personne comme ça, histoire de causer, de passer un petit moment.

Au bout de dix minutes, cette personne me dit :

– Monsieur, ce que vous me dites est parfaitement inintéressant. Vous m'avez fait perdre mon temps, dix minutes de perdues, de perdues par votre faute.

Et puis, il fiche le camp.

Moi, voyez-vous, je n'aime pas que l'on me fasse des reproches lorsque j'estime qu'ils sont injustifiés.

Enfin, de quel droit cette personne...

Alors, je me ressaisis, je cours, je rattrape mon bonhomme et je lui dis :

– Monsieur, je vous ai fait perdre dix minutes, m'avez-vous dit. Eh bien, je viens d'en perdre dix à vous rattraper. J'ai l'honneur de vous informer que nous sommes quittes.

*

Chez moi, je ne peux pas travailler si je n'ai pas un réveil ou une montre.

Je mets l'un ou l'autre devant moi et je me dis :

– Je vais travailler jusqu'à onze heures.

En fait, si j'agis de cette façon, c'est dans le but d'occuper mon temps.

Je le découpe en tranches.

Mon voisin, lui, fait comme moi. Seulement, il arrive que mon voisin s'ennuie.

Et quand mon voisin s'ennuie, il vient frapper à ma porte.

Pour prendre mon temps.

Alors là, tout à coup, il devient indésirable. Il m'ennuie.

Remarquez, il lui arrive parfois de bien tomber, quand il arrive, juste au moment où je commençais à ne plus savoir que faire de mon temps !

*

– Il y a longtemps que vous êtes là ?

– Oui !

– Vous n'avez pas vu le temps passer ?

– Non ! Pourquoi ?

– Parce que j'ai perdu le mien !

– Vous avez perdu votre temps ?

– Oui ! Je voudrais bien le retrouver.

– Vous savez... le temps ne se retrouve jamais !

– Je sais ! Mais enfin... je vais tout de même partir à sa recherche...

– Si vous voulez, monsieur Proust !

*

Un comptable fait le compte du temps qu'il perd à se lever, se laver, se raser, se brosser les dents, s'essuyer, se déplacer, etc.

Résultat : le temps ainsi perdu remplit sa journée.

Il n'y a plus de temps pour le travail.

– J'ai dû faire une erreur de calcul quelque part, conclut-il !

*

À l'heure de l'apéritif, l'homme pris de boisson regarde sa montre et dit :

– Il est le quart de vingt. J'ai le temps de boire encore un demi !

Deux heures plus tard, l'homme ivre regarde sa montre :

– Il n'est que deux litres moins le quart. Donnez-moi encore une demi-heure sans mousse !

*

Aller et retour dans le temps.

Je suis ici, à cette place. Supposez que je veuille me rendre là-bas, à cette autre.

Je quitte ce lieu que je laisse derrière moi et j'avance...

Je parcours une certaine distance pendant un certain temps...

Et présentement, je suis ici, à cette place.

Eh bien, supposez que je veuille retourner d'où je viens, que je fasse machine arrière, que je remonte le temps... le... remonte je que, arrière machine fasse je que, viens je d'où retourner veuille je que supposez, bien eh... place cette à ici suis je présentement et...

*(Il se met à refaire en marche arrière le même trajet avec les mêmes mouvements mais à l'envers et plus ou moins au ralenti.)*

... temps certain un pendant... distance certaine une parcours je... avance j' et moi derrière laisse je que lieu ce quitte je place cette à... ici suis je...

\*

Il attendait son heure... il ne l'a pas vue passer !
Dommage, c'était la dernière !

\*

C'est précisément quand on risque d'arriver en retard à la gare qu'il ne faudrait pas avoir un train à prendre !

TEMPS QU'IL FAIT

On a eu du brouillard jusqu'au moment où on m'a fait laver le pare-brise.

**TÊTE**

Plus on bourre le crâne des gens, plus leur tête rétrécit !

\*

À propos de quelqu'un assez maigrichon qui cherche la bagarre :
— Ce n'est pas qu'il ait de gros bras mais il a la grosse tête !

\*

Il est bon parfois de perdre la tête, mais il faut d'abord en avoir une !

\*

J'ai trop de brouillons dans la tête que j'aurais dû effacer.

\*

Menacé de recevoir douze balles dans la peau, il a préféré se tirer une balle dans la tête !

\*

Se creuser la tête le ventre creux !

\*

À Béthune :
– À quelle heure ouvre le bourreau ?
– À l'heure H !

*

À propos de la dernière audace de la science.
Greffer la tête de quelqu'un sur le corps d'un autre.
Je suis désolé, mais cela a déjà été fait !
Au cinéma, certes... mais bien fait !
Exemple : greffer sur le corps de Christophe Colomb la tête de Depardieu !
Il faut une certaine audace...
Depardieu a dit oui !
Greffer sur le corps de Balzac la tête de Depardieu...
Il faut encore de l'audace.
Depardieu a dit oui !
Greffer sur le corps de Danton la tête du ci-devant Depardieu.
Il faut toujours de l'audace.
Depardieu a dit oui !
Il a même été question de mettre sur le corps de Charles de Gaulle (celui qui a dit non) la tête de Depardieu...
Mais là, c'est Depardieu qui n'a pas dit oui !

## THÉÂTRE

Les ressorts dramatiques d'un vaudeville ne sont dans la plupart des cas que des ressorts de sommier.

**TOURISME**

Entendu en Bretagne :

– C'est quand vous n'êtes pas là qu'il faut venir !

*

Pendant sept jours, j'ai contemplé les Sept Merveilles du monde et le huitième jour, je me suis regardé dans la glace...

Horreur !...

**TOURMENTS**

Si vous voulez exprimer des choses intéressantes, il faut rester dans les tourments.

Si vous vous installez dans le bien-être, vous ne pourrez plus exprimer que des caprices.

**TOUT**

Mesdames et messieurs, puisque de tout l'on parle, si nous parlions de tout ?

Tout porte à croire que tout est dans tout.

Mais comme tout a une fin, commençons par la fin du tout !

Je pars d'un point, c'est tout !

À partir de là, tout commence, tout s'organise.

Tout bouge, tout s'agite.

Tout se heurte, tout vibre, tout vit.

C'est beau comme tout !

Tout réussit, tout rate.

C'est moche comme tout !

Tout s'éloigne, tout s'approche, tout s'attire.

Tout s'empare de tout.

Tout renaît !

Tout se fait, tout s'écrit !

On efface tout et tout recommence... itou !

Enfin... jusqu'à un certain point !

C'est tout !

## TRAC

On n'a pas le trac parce qu'on a peur d'oublier son texte.

On a le trac parce qu'on a peur de ne pas s'oublier soi-même, de garder ses soucis...

Je m'appelle Untel, j'habite à tel endroit, j'ai mal aux dents, etc.

C'est tout cela qu'il faut oublier complètement, pour penser à l'autre...

\*

Quand j'ai le trac, je suis patraque.

– Avant d'entrer en scène, avez-vous le trac ?

– Non, mais je suis toujours patraque !

## TRAVAIL

Il s'était convaincu que le travail, pour les autres, c'était un plaisir, alors que pour lui, c'était une contrainte.

– Laissons donc ce plaisir aux autres, s'était-il dit !

Mais comme il faut bien gagner sa vie, son travail consistait à donner du plaisir aux autres.

# V

**VACANCES**

– Qu'est-ce que vous faites pendant les vacances ?

– Je travaille et, croyez-moi, c'est formidable de travailler quand on n'a rien à faire !

**VENT**

Le vent est une matière en exil... qui ne peut s'arrêter nulle part !

Le vent sème les grains et les grains sèment le vent.

**VERBES**

Je hais le passé simple du verbe « pouvoir ». Lisez :

Je pus.

Tu pus.

Il put.

Nous pûmes.

Vous pûtes.

Ils purent.

\*

Mon professeur de français aurait voulu que je me battisse la coulpe, que j'avouasse mes fautes d'orthographe, que je me confondisse en excuses, que je me fustigeasse, que j'allasse même jusqu'à me châtier !

Simplement pour donner un exemple de l'emploi du subjonctif !

– Comme châtiment, me disait-il, conjuguez-moi le verbe « se châtier » à l'imparfait du subjonctif.

– Bien, monsieur.

– Je vous écoute.

– Que je me châtiasse, que tu te châtiasses, qu'il se châtiât, que nous nous châtiassions, que vous vous châtiassiez, qu'ils se châtiassent.

– Parfait !

\*

Le professeur à l'élève :

– Voulez-vous me conjuguer le verbe « sentir » au passé simple ?

L'élève :

– Je sentis, tu sentis, il sentit, nous sentîmes, vous sentîtes, ils sentirent.

Le professeur :

– Il s'en tire pas mal !

\*

Au passé simple :
Je ris, tu ris, il rit, nous rîmes, vous rîtes, ils rirent.
Il fit quelques rimes. Nous rîmes de ses rimes.

*

Je crois qu'il croît...

*

Je croîs en doute. (Mon doute s'accroît.)

*

Depuis que les jours croissent, les corbeaux croassent aussi.

*

Le bruit qui court croît.

*

La population croît.
Eh bien, dites donc, qu'est-ce que vous croissez !

*

Le verbe « sourdre ».
Il sourd, ils sourdent.

*

Un bruit sourd sourd.

## Vérité

Est-ce ma faute si parfois, la nuit, de ma fenêtre, je vois comme dans un halo, sortir du puits qui est dans mon jardin la vérité... toute nue, tenant un seau d'eau à la main.

Heureusement que je suis le seul à la voir... parce que les gens s'en offusqueraient, d'autant qu'elle n'est pas toujours belle à voir...

Chez l'artiste, il s'en passe des choses !

Parfois, la vérité me fait signe, comme une invite. Moi, je plonge !

Évidemment, lorsque, ensuite, on me retrouve au fond du puits, avec un seau sur la tête, et la corde au cou, et que l'on me demande ce que j'y fais... et qu'il faut que je fournisse une explication... je balbutie...

Alors, on dit :

– Devos, il délire, il divague, il extravague...

*

Le puits de science a beau chercher la vérité au fond de lui-même, il ne la trouvera pas !

## Vie

Je regarde la vie avec des yeux grands ouverts et cela m'empêche de dormir.

*

La vie telle que l'on voudrait qu'elle soit, c'est celle qui fut !

*

J'ai traversé ma vie comme un boulet, attaché au pied de quelqu'un.

*

La blessure de la misère, c'est terrible. J'ai revêtu le manteau de la misère trop longtemps.

Et quand on arrive à le retirer, ou il vous en reste encore quelques lambeaux, ou vous avez arraché un peu de vous-même.

C'est une blessure qui ne guérit pas.

On reste écorché vif.

*

Je peux accepter les décorations puisque j'ai accepté les hontes, les gifles et les blessures.

*

J'ai commencé par la faim.

*

Les gens adorent s'identifier. C'est l'explication des idoles, des héros, des vedettes.

Un monsieur qui entre au cinéma – je dis bien un monsieur – et qui voit un acteur du genre Gary Cooper, quand il sort, il prend sa démarche.

Moi, en tout cas, ça m'est arrivé. J'entrais au bistro d'en face et j'étais tout surpris qu'on ne me fasse pas glisser mon demi le long du comptoir.

En moi-même, je me disais :

– Celui-là, s'il continue à se moquer de moi, je sors mon colt...

\*

Excusez-moi ! En ce moment, je suis inattentif à la vie !

\*

Entre le premier cri et le dernier soupir, toute une vie !

\*

Une double vie...

On n'en a qu'une. Il vaut mieux ne pas la gâcher.

\*

– Alors, cela vous est arrivé aussi à vous ?

– Quoi ?

– L'aventure de la vie ! Un jour, vous avez pris conscience d'exister ?

– Oui, mais j'étais si petit ! J'avais 3 ans.

– Qu'est-ce que vous avez pensé ?

– J'ai pensé : la vie, c'est formidable ! J'ai bien envie

de raconter la mienne mais il me semble que c'est un peu tôt.

– Vous avez bien fait ! Il faut, dès l'âge le plus tendre, prendre un peu de recul.

– Je ne suis pas de votre avis... Plus je prenais du recul, plus on disait que j'étais un enfant attardé...

– Oui ! Mais cela vous a permis de réfléchir...

## VIEILLESSE

En prenant de l'âge, je me porte de mieux en mieux.

Malheureusement, je vieillis.

\*

À force de ne pas vieillir, on se rend compte un jour qu'on n'a pas eu de vieillesse.

On m'a volé ma vieillesse !

\*

Quand on me demande le secret de ma forme, j'explique que mon âge n'a rien à voir avec l'état civil.

En effet, dans mon esprit, le temps passé sur scène ne m'est pas compté.

Quand on est dans l'imaginaire, on ne vieillit pas.

Le temps a prise sur le réel, pas sur l'imaginaire.

\*

Le vieux comique.

Plus il se ride, plus il déride !

\*

Il y a une cinquantaine d'années, les vieux avaient mon âge.

\*

Il faut un monde jeune !... (écrit en 1965)

Parce que maintenant, vous savez qu'on rajeunit à vue, en moins de temps qu'il n'en faut pour faire un jeune.

C'est pour cela qu'on a le droit de se dire :

– Où va notre vieillesse ?

À mon sens, elle est mal partie ! C'est que le rajeunissement, c'est beau...

Mais si on rajeunit tout le monde, on n'aura plus de vieillards !

Pensez à ça !

Plus de nobles barbes ! Que des jeunes gens !

Les maisons de jeunes refuseront du monde.

Quand on dira : « Place aux jeunes ! », ce seront les vieux qui se présenteront !

Quand on aura élu un président, on le gardera jusqu'à la dixième République,

République de jeunes !

On ne pourra plus distinguer le père du fils ; on sera tous frères.

Dans vingt ans, Jazy, de plus en plus jeune, pour fêter son cinquantième anniversaire, battra son propre record du 500 mètres !

À moins que Ladoumègue, ayant repris son entraînement, n'arrive à le battre sur la distance !

Maurice Chevalier aura repris son ancien répertoire.

Moi-même, dans vingt ans, il est possible que je dise ce que je pense et que je fasse ce que je veux. Comprenez-le !

– Mais alors, me direz-vous, dans tout cela, que feront les jeunes, les vrais ?

– Eh bien, ils attendront d'être assez âgés pour prendre la place des jeunes.

C'est tout ! Alors, ils entreront dans la carrière quand leurs cadets n'y seront plus !

À la télévision, les programmes seront rajeunis ! On fera des jeux pour tout le monde, sans frontières ni limites d'âge.

On verra les aventures de Tintin, Rintintin et autres bêtes !

Au Vietnam, par exemple, l'escalade ne sera plus qu'un jeu d'enfant !

Tout le monde aura son hochet.

À la cinémathèque, on ira applaudir *Le Vieil Homme et la Mer*, une vision d'un autre âge.

La moyenne d'âge étant déjà de 70 ans, celui qui voudra pousser une petite pointe pourra monter jusqu'à 110, 120 ou 130 même, sans forcer !

– Mais alors, me direz-vous, plus personne ne mourra ?

– Si, mais jeune !

*

J'en ai plus qu'assez de vieillir. Tous les jours, je vieillis un peu plus !

Je pensais qu'avec le temps, cela s'arrangerait.

Au contraire, cela empire ! Il n'y a pas d'amélioration.

*

Le vieux monsieur qui est en moi.

Depuis quelque temps déjà, j'héberge un vieux monsieur de 80 berges...

De plus, il gamberge ! Il n'a plus que moi pour s'occuper de lui.

Il faut dire que, longtemps, c'est lui qui s'est occupé de moi.

Il est normal que, maintenant, je veille sur lui.

J'ai un certain mérite, parce qu'il a un foutu caractère.

Qu'est-ce qu'il peut me les briser, par moments !

La cohabitation n'est pas toujours facile.

Lorsque je sors, je l'emmène avec moi. Je suis obligé de marcher à son pas.

Les gens croient que le vieux, c'est moi !

J'avais pensé le mettre à l'hospice, mais pour y aller, c'est trop loin !

Parfois, on croit que je radote... C'est faux !

C'est lui qui répète tout ce que je dis !

Le vieux, il a un inconvénient majeur : il tousse. Des quintes !

Et quand il *quinte*, j'expectore !

Il n'en fait qu'à sa tête.

Chez moi, il est nourri, couché, logé...

Il est d'une ingratitude...

Pourtant, chez moi, il est bien nourri...

Eh bien, récemment, après avoir dîné copieusement chez moi, il est allé remettre ça aux Restaurants du cœur.

Eh bien, quand il est rentré, il m'a traité d'enfoiré !

Je dois dire que je ne l'ai pas vu vieillir...

Le jour où il quittera ce bas monde, c'est toute ma jeunesse qui s'en ira !

## Notes

Le comique (vieux)
Plus il se ride
Plus il déride

Une double vie...
On n'en a qu'une
Il vaut mieux ne pas la gâcher
(perdre)

### Mot perdu de vue

Il y a des mots que l'on perd de vue
(trop longtemps)
Lorsqu'on les retrouve
On ne les reconnaît plus.

(Versions définitives p. 288, 290.)

Cet ouvrage à peine terminé, il m'inspire quelques réflexions.

Cet ouvrage, quel est-il ?

Peu importe !

C'est un ouvrage...

Mérite-t-il le titre d'ouvrage ?

Est-il un ouvrage comme l'entendait Boileau dans son *Art poétique* ?

L'ouvrage que l'on remet cent fois sur le métier...

Cent fois poli et repoli... sur le métier.

Est-ce le même métier aujourd'hui ?

J'ai lu et relu cent fois son *Art poétique* jusqu'à la lie.

La vie telle que... l'on voudrait qu'elle soit, c'est celle qui fut.

# Remerciements

Cet ouvrage a pu voir le jour grâce à la municipalité de Saint-Rémy-lès-Chevreuse, à laquelle Raymond Devos a confié le soin de créer la Fondation Raymond-Devos.

Ce livre en est la première manifestation tangible.

Il faut donc remercier M. Guy Sautière, maire, et Mme Anne-Marie Jancel, première adjointe, première lectrice et amicale correctrice, qui m'ont permis, dès la disparition de l'artiste, de continuer son travail comme je l'avais fait depuis trente-cinq ans, ainsi que Frédéric Dieudonné pour son aimable participation.

Pierre HERRAN

# L'HUMOUR
# AU CHERCHE MIDI

**COLLECTION
«LES PENSÉES»**

*Pensées, textes et anecdotes*
d'Alphonse Allais

*Les Pensées* de Jean Amadou

*Les Pensées* de José Artur

*Pensées provisoirement définitives*
d'Yvan Audouard

*Pointes, piques et répliques*
de Guy Bedos

*Les Pensées* de Tristan Bernard

*Les Amuse-Bush*

*Pensées, répliques et anecdotes*
de Francis Blanche

*Pensées et répliques*
de Bertrand Blier

*Mille et une pensées*
de Philippe Bouvard

*Les Pensées des boulevardiers:*
Alphonse Karr, Aurélien Scholl,
Georges Feydeau, Cami

*Les Pensées* d'Alfred Capus

*Les Pensées* de Cavanna

*Pensées, répliques et anecdotes*
de Claude Chabrol

*Pensées et anecdotes* de Coluche
illustrées par Cabu, Gébé,
Gotlib, Reiser, Wolinski

*Les Pensées* de Courteline

*Les Pensées* de Pierre Dac

*Arrière-Pensées* de Pierre Dac

*Pensées et anecdotes* de Dalí

*Les Pensées de San Antonio*
de Frédéric Dard

*Les Pensées* de Jean Dutourd

*Pensées et répliques*
de Jacques Dutronc

*Les Pensées* de Gustave Flaubert,
suivies du
*Dictionnaire des idées reçues*

*Les Pensées* d'Anatole France

*Les Pensées* d'André Frossard

*Pensées, provocs et autres volutes*
de Serge Gainsbourg

*Pensées, histoires et anecdotes*
de Michel Galabru

*Les Pensées, répliques et anecdotes*
de De Gaulle
choisies par Marcel Jullian

*Traits d'esprit* de Charles de Gaulle

*Pensées, maximes et anecdotes*
de Sacha Guitry

*Pensées, répliques et anecdotes*
des Marx Brothers

*Portraits acides
et autres pensées édifiantes*
de Philippe Meyer

*Pensées, répliques et anecdotes*
de François Mitterrand

*Les Pensées* de Daniel Prévost

*Les Pensées* de Jules Renard

*Pensées, répliques et portraits*
de Rivarol

*Pense-bêtes* de Topor
illustré par lui-même

*Vracs* de Tomi Ungerer

*Pensées, répliques et anecdotes*
de Jean Yanne

*Je suis un être exquis* de Jean Yanne

*Les Pensées* d'Oscar Wilde

*Les Pensées* de Wolinski
illustrées par lui-même

*Mes aveux* de Wolinski

## COLLECTION
## «LE SENS DE L'HUMOUR»

### LAURENT BAFFIE
*Tu l'as dit Baffie !*

### GUY BEDOS
*Arrêtez le monde, je veux descendre*

### LAURENCE BOCCOLINI
*Méchante*

*Méchante 2*

### PHILIPPE BOUVARD
*Journal*

*Journal 1997-2000*

*Auto-psy d'un bon vivant,
journal 2000-2003*

*Le Grand Livre des Grosses Têtes*

### COLUCHE
*Et vous trouvez ça drôle ?*

*Elle est courte, mais elle est bonne*

*Ça roule ma poule*

*Le Best of*

### PIERRE DAC
*Les Meilleures Petites Annonces
de l'Os à moelle*

*Essais, maximes et conférences*

### PATRICE DELBOURG
*Demandez nos calembours*

*Demandez nos exquis mots*

### PIERRE DRACHLINE
*Dictionnaire humoristique
des surréalistes et des dadaïstes*

*Le Grand Livre de la méchanceté*

### PHILIPPE HÉRACLÈS
*Le Grand Livre de l'humour noir*
Illustrations de Kerleroux

*Le Petit Livre de l'humour noir*

*Des fins pour défunts*

*Éternellement vôtre*

*Le Petit Livre des épitaphes
les plus drôles*

### OLIVIER DE KERSAUSON
*Macho mais accro*

*T'as pas honte ?*
illustré par Wolinski

### INGRID NAOUR
*Drôles de zèbres*

*Bestiaire humoristique*

### LES MONTY PYTHON
*Le Grand Livre des Monty Python*

### MICHEL MULLER
*Pas tout noir*

### DANIEL PRÉVOST
*Un couple de notre temps*

*Éloge du moi*

*Lettres d'adieu*

### PHILIPPE VAL
*Allez-y, vous n'en reviendrez pas*

*Allez-y, vous n'en reviendrez pas
(la suite)*

*Bonjour l'ambiance*

*Fin de siècle en solde*

*No problem !*

*Bon baisers de Ben Laden*

*Les Traîtres et les Crétins*

### WOLINSKI
*La Morale*

*Fin de siècle en solde*

*Mis en pages par DV Arts Graphiques à Chartres*
*Imprimé en France par Normandie Roto Impression s.a.s.*
*61250 Lonrai*
Dépôt légal : mai 2007
N° d'édition : 935 – N° d'impression : 07-1140
ISBN 978-2-7491-0935-0